Das Kochbuch aus dem Bergischen Land

gesammelt, ausprobiert u
aufgeschrieben von

Gisela Allkemper

verlegt von
Wolfgang Hölker

ISBN: 3-88117-313-7
VVA-Nr.: 280/00313-1

D-4400 Münster, Martinistraße 2

Printed in Germany by Druckhaus Cramer, Greven
Imprimé en Allemagne
Musterschutz angemeldet beim Amtsgericht Münster
Buchbinderische Verarbeitung: Klemme & Bleimund, Bielefeld

Dieses Buch gehört:

Inhalt

Vorwort

Der Name „Bergisches Land" als Gebietsname für die Landschaft zwischen Ruhr, Siebengebirge, Rhein und Sauerland darf nicht von bergig, hügelig abgeleitet werden. Sicherlich ist das Bergische Land ein waldreiches, idyllisch hügeliges Gebiet – seinen Namen aber hat es von dem Herrschergeschlecht derer von Berg, dessen erster Graf im Jahre 1101 Besitz von diesem Land ergriff. Im Laufe der Jahrhunderte wechselten durch Heirat die Herrschaftshäuser, und sie vergrößerten mit Landbesitz am Niederrhein ihr Hoheitsgebiet. Selbst Kaiser und Fürsten stritten im 17. Jahrhundert darum, das Land an sich zu ziehen, denn inzwischen hatte es die Größe des Königreiches Sachsen erreicht.

Das Bergische Land, wie wir es heute landschaftlich abgrenzen, ist natürlich viel kleiner. Es läßt sich im Norden etwa mit dem Ort Breitscheid abgrenzen, im Süden bei Waldbröl/Morsbach, im Westen mit Ratingen, Solingen, Bergisch Gladbach und im Osten mit Langenberg, Wuppertal, Radevormwald, Lieberhausen und Bergneustadt. Von diesem Gebiet, das vielschichtig durch seine wechselvolle Landschaft und durch die verschiedenen Industriezweige geprägt ist, von seinen Bewohnern und ihren Eßgewohnheiten soll in diesem Buch die Rede sein.

Die Bevölkerung des Bergischen Landes lebte hart arbeitend und bescheiden, wenn nicht gar ärmlich. Sie ernährte sich von dem, was Garten, Feld und Wald boten, und weniger vom Lohn, denn der war zu gering, um all die vielen Familienmitglieder zu beköstigen. Somit war auch die „Küche" schlicht und sparsam. Nichts verkam, alles Eßbare wurde verwertet. Es wurde das angebaut, was die größten Erträge sicherte: Kartoffeln, Kohl, Hafer, Buchweizen. Wie erfinderisch mußten die Hausfrauen sein, um mit diesen spärlichen Mitteln abwechslungsreiche Mahlzeiten auf den Tisch zu bringen! Und wie freute man sich, wenn auch ab und zu mal ein Stück Fleisch die Mahlzeit bereicherte! Ein Schwein zu halten und zu schlachten zeigte schon einen gewissen Wohlstand – denn wer hatte soviel Geld, um ein Ferkel kaufen zu können? Da hielt man sich besser Kaninchen hinter dem Haus und Ziegen. Die waren in der Fütterung anspruchsloser und in ihrer Haltung ergiebiger. So lieferten die Ziegen Milch, Käse und Fleisch.

Von der Armut der Menschen im Bergischen Land, von ihrer Tapferkeit, das Leben zu meistern, aber auch von der Idylle der Landschaft berichtet dieses Buch. Wer in diesem Land lebt, fühlt sich zu Hause und geborgen. Wer es kennt, bewundert seine Bewohner. Wer es kennenlernen möchte, dem sei dieses Buch über Brauchtum und Lebensweise, über Essen und Trinken im alten Bergischen Land eine Hilfe dazu.

Und zum Schluß noch ein persönliches Wort: Ein Dankeschön an all die zahllosen, hilfsbereiten Menschen, die das Zustandekommen dieses Buches ermöglichten. Vor allem seien da Frau Renate Opitz aus Remscheid und der Verlag Joh. Heider aus Bergisch Gladbach genannt.

Und nun viel Freude beim Lesen und gutes Gelingen beim Ausprobieren der Rezepte.

Gisela Altkemper

fig. 1

Suppen

Solingen-Gräfrath, Marktplatz

Hauptsächlich morgens und abends, eben dann, wenn wir heute vorwiegend Brot essen, kam früher in fast allen Familien des Bergischen Landes eine Suppe auf den Tisch.

Bis 1870 war die Hafermehlsuppe die Hauptspeise im Oberbergischen, in der Remscheider Umgebung gab es häufig süße Breie und später – als die Kartoffel verstärkt angebaut wurde – aß man Knudeln in Milchsuppen oder in eigenem Sud (s. S. 44). Brot und vor allem der Belag waren für jeden Tag zu teuer, außerdem wärmten Suppen gut und gaben Kraft. Fleischbrühen gab es kaum, da Fleisch kostbar war. Sie bekam man höchstens zur Schlachtzeit, wenn das Fleisch und die Würste durch Kochen haltbar gemacht wurden, oder aber an besonderen Festen und Festtagen. Wohl aber gab es im Sommer zum Mittag Gemüsesuppen, die jedoch zu dicken Eintöpfen gekocht waren (s. S. 61-66). Der Garten lieferte dafür ja genug Gemüse aller Arten.

Noa Spierenbrie würd
me soa stark as en Pä'erd.

Hafermehlsuppe

Man nennt sie regional auch wohl Breimehlsuppe, und sie bildete bis vor 100 Jahren im Oberbergischen die Morgenmahlzeit schlechthin. Sie war zwar nicht beliebt, weil der Hafer nicht immer sorgfältig gemahlen und gesiebt wurde, sondern sich oft noch Spieren darin verirrten, die wiederum beim Essen im Hals kratzten. Aber weil das Gericht preiswert war und wenig Arbeitsaufwand erforderte, wurde es allenthalben in großen Töpfen – gleich für mehrere Tage – gekocht.

40 g Schmalz, 1 Zwiebel, 80 g Hafermehl, 1 l Wasser (heute Brühe), 1/2 l Milch, Salz, etwas Zucker

Das Schmalz in einem Topf zerlassen. Die Zwiebel schälen und würfeln und in dem heißen Fett glasig anschwitzen. Das Mehl einrühren und leicht durchrösten. Mit Wasser und Milch ablöschen und gut durchkochen. Mit Salz und einer Prise Zucker abschmecken.

Da diese Suppe früher den ganzen Tag über hinten auf dem Kohleherd stand und somit warm gehalten wurde, dickte sie natürlich nach. Man gab dann erneut Wasser oder auch Buttermilch dazu, und wann immer jemand Hunger verspürte, konnte er sich mit der Suppe sättigen. Jahreszeitlich unterschiedlich reicherte man diese Suppe auch mit geschmorten Waldpilzen, Beeren, getrocknetem Obst oder Fleischresten vom Schlachten an. Dazu aß man – wenn überhaupt etwas – Schwarzbrot, mit Apfelkraut bestrichen.

Gerstensuppe

Auch sie diente als Morgenimbiß oder als Abendmahlzeit. Sie wurde genauso zubereitet wie die Hafermehlsuppe. Und auch sie war bei den Kindern wegen der Spieren ebenso wenig beliebt wie die Hafermehlsuppe.

Weckzoppe

Der Name kommt vom Wecken, einem kleinen Brot, ähnlich der Semmel oder dem Brötchen. Die Weckzoppe wurde nach dem Schlachten des Schweins gekocht. Das Bauchfett des Schweines kochte man in Salzwasser aus. Kurz vor dem Servieren der Suppe legte man die Wecken hinein, so daß sie aufquellen konnten und weich wurden. Mit dem Löffel stach man nun Stück für Stück vom Wecken ab und aß sie mit der Brühe.

Die Freude der Kinder war groß, wenn der Vater am Sonntag von der Kirche kam und in seinem rotkarierten Tuch eine Brezel oder einen Weck für die Suppe mitbrachte.

Wöchnerinnensuppe

Wöchnerinnen, Kranke und alte Leute brauchen besonders kräftige Nahrung. Dem wurde früher im Bergischen Land mit dieser gehaltvollen Suppe Rechnung getragen. Alle übrigen Familienmitglieder durften diese Suppe nur manchmal an Sonn- und Feiertagen löffeln, denn sie galt als etwas Besonderes. Wichtig und unerläßlich war dabei die Brezel, die man in die Suppe brockte.

Pro Person: 1/4 l kräftige Brühe, 1 El Milch, 1 Ei, 1/2 Brezel

Die Brühe aufkochen. Milch und Ei verquirlen und in die kochende Suppe gießen. Mit einer Gabel umrühren, so daß das Ei „Fäden" zieht. Die Brezel im Teller grob zerbröckeln und mit der Suppe übergießen.

Übrigens: In Elberfeld bekamen Kinder, die der jungen Mutter gratulierten, eine Brezel mit dem Hinweis überreicht, das Neugeborene habe diese aus dem Rommelspütt mitgebracht. Zur Taufe, wenn die Nachbarschaft und Paten eingeladen waren, wurden sie mit Brezeln und süßem Anisbranntwein bewirtet.

En netten Teller Brei op et sattsien!

Grützenbrei

Suppen, die mit Mehl oder Grütze angedickt werden, nennt man im Bergischen Land „Brei". Den Grützenbrei bekamen vielfach Kranke, weil er als Schonkost die Genesung förderte.

Für 1 Person: 45 g Haferflocken, 1/4 l Milch, 1 Prise Salz, 20 g Zucker, evtl. 2 El Rosinen oder Backpflaumen, 1 Stich Butter

Die Haferflocken in der Milch weich kochen, danach durchsieben. Mit Salz und Zucker abschmecken. Butter darin schmelzen lassen. Will man den Brei anreichern, läßt man nach dem Durchsieben noch einige Rosinen oder Backpflaumen darin ausquellen.

Krammetsvögelsuppe

Wie in vielen waldreichen Gebieten Deutschlands, so war auch im Bergischen Land bis zur Jahrhundertwende der Vogelfang eine mit viel Leidenschaft betriebene Sportart. Hauptsächlich machte man Jagd auf Krammetsvögel, die man auch wohl Wacholderdrosseln nennt, weil sie durch das Aufpicken von Wacholderbeeren das aromatischste Fleisch lieferten. Viele Vogelfänger verzehrten ihre Beute nicht selbst, sie verkauften sie, an langen Schnüren aufgereiht, auf den Wochenmärkten oder direkt an den Türen wohlhabender Familien, denn Krammetsvögel – ob zur Suppe gekocht oder gebraten – galten allgemein als Leckerbissen. Für die Fänger waren sie eine zusätzliche Geldquelle zu ihrem oft kargen Lohn. Wen wundert es da, daß im Herbst ganze Heerscharen in die Wälder zogen und Ausschau nach Vogelschwärmen hielten. Gefangen wurden die Drosseln im Bergischen Land so:

Auf einer großen Lichtung baute man Unterstände, die so groß waren, daß man darin stehen und den Anflug der Vögel beobachten konnte. Als Anflughafen dienten einige auf der Lichtung stehengelassene Bäume. Da hinein hängte man große Käfige. Ausgestreutes Futter, leuchtend rote Beeren und Lockvögel reizten die Schwärme, sich niederzulassen. Die Männer im Unterstand beobachteten genau den Himmel, um dann, wenn die Schwärme anflogen, ihre Netze über die Käfige zu ziehen. Ein grausames Hobby, das Gott sei Dank seit etwa 100 Jahren verboten ist! Das nun folgende Suppenrezept entstammt einem 1819 gedruckten Kochbuch aus dem Bergischen Land:

„Nimm ein Band Krammetsvögel, wasche selbe aus, laß es eine halbe Viertelstunde in einem geschlossenen Tiegel mit Butter dämpfen, wenn sie eine schöne gelbe Farbe haben, so nimm eine gute Handvoll Weißbrodskrumen, laß sie auch dann schön gelblich rösten, nach diesem nimm ein halb Viertel Mandeln in einen Mörser, vorher aber mit einem Tuche rein abgewischt, stoße sie klein sammt denen Schalen, hernach nimm die Krammetsvögel zu den Mandeln, das Brustfleisch schneide zuvor weg, und stoße es recht fein zusammen, thue es in einen Topf, schütte eine gute Rindsuppe darauf, laß es gut sieden, lege ein Stück Butter daran, seihe es durch ein Haarsieb, dann nimm das Brustfleisch schneide es recht klein zusammen, thue in einen Tiegel ein Stück Butter, eine Handvoll Weißbrodskrumen daran, dann das geschnittene Fleisch, ein wenig Pfeffer, und klein geschnittene Limonenschalen, 2 Eyerdotter, ein wenig Salz, und ein wenig Milchrahm, streiche dieses Gehacks auf geröstete Weißbrodschnitten, und richte die Suppe darüber an."

Eeten es jet Herrliches!

Erbsensuppe – Ääzensuppe

1½ l Wasser, 250 g Erbsen (Schälerbsen), 1 Stange Porree, 1 große Möhre, 2 Zwiebeln, 80 g Speck, 4 Kartoffeln
Als Fleischeinlage: Geräucherter Speck oder geräucherte Bratwurst (Mettendchen)
Weißbrotscheiben

Die am Vorabend eingeweichten Erbsen bringt man im Einweichwasser zum Kochen. Den Speck schneidet man klein, läßt ihn in einer Pfanne aus und brät die kleingeschnittenen Zwiebeln darin goldbraun. Porree, Möhre und Kartoffeln waschen und schneiden.

Speck, Zwiebeln, das Gemüse und die Kartoffeln gibt man nach 1½ Stunden Kochzeit in die Suppe. Verwendet man geräucherten Speck, gibt man ihn ebenfalls zu diesem Zeitpunkt in die Suppe. Alles zusammen läßt man noch 1 Stunde kochen. Die Bratwurst braucht nur ½ Stunde zu ziehen. Mit Salz und Pfeffer abschmecken.

Dazu schmecken sehr gut:
Kleingewürfelte Weißbrotscheiben, die in reichlich heißem Fett (Butter) von allen Seiten goldbraun gebraten wurden. Kurz vor dem Servieren auf die Suppe geben oder direkt in den einzelnen Teller. Die Bröckchen müssen knusprig bleiben.

Bleibt von der Suppe ein Rest übrig, so werden abends daraus Plätzchen gebacken (s. S. 48).

Bohnensuppe aus Niederrengse

1 kg frische Salatbohnen, 2 l Salzwasser, 1 kg Kartoffeln, 1/4 l Milch, Salz, Pfeffer, 1/8 l Sahne

Die Salatbohnen entfädeln und in 2-3 cm lange Stücke schneiden. In dem Salzwasser garen.

Die Kartoffeln schälen, würfeln und getrennt von den Bohnen in extra Salzwasser garen. Die Kartoffeln abschütten, mit der heißen Milch übergießen und zerstampfen. Die Bohnen mit dem Bohnenwasser zugießen. Das Gericht pfeffern, umrühren und mit Sahne mild abschmecken.

Variante: Speck und Zwiebeln in Würfel schneiden und in der Pfanne ausbraten. In die Suppe rühren.

Diese Suppe kocht man in Burscheid zur einen Hälfte aus Schnibbelbohnen und zur anderen Hälfte aus eingeweichten weißen Bohnen.

Brotsuppe

Zu dieser Suppe nahm man älteres Brot, vielleicht schon trocken geworden, die Knappen oder Endstücke. Hier wird deutlich, wie sparsam mit den Nahrungsmitteln gehaushaltet wurde.
Wegwerfen kannte man nicht!

2 Brötchen oder Weißbrot, 2 Scheiben Schwarzbrot, 2 Scheiben Graubrot, 1/2 l Milch, 1 El Anis, Zucker, Rosinen nach Geschmack

Das Brot in Wasser einweichen, ausdrücken und mit Milch, Rosinen und Anis zum Kochen bringen. Auf kleinster Flamme ständig rühren, weil die Suppe sonst anbrennt. Immer wieder Milch nachgießen, bis die Suppe sämig ist. Mit Zucker und Rosinen abschmecken.

In manchen Familien gibt man Stachelbeeren oder Kirschen statt der Rosinen hinzu.

Buttermilchsuppe

Auch als Kiernmelksbrei oder Kernmelksbrei bekannt!

Wenn früher die Bauern ihre Butter selbst kirnten, verkauften sie diese zwar auf dem Markt, die Buttermilch aber war der Familie Grundlage zu vielerlei Gerichten: zu kühlem Getränk, als Käse, kalt und warm als Suppe.

In Burscheid erzählte man mir, daß die Buttermilchsuppe eine bequeme und willkommene Speise der Arbeiter der Plüschfabrik war. Oft kamen diese Arbeiter von weither und gingen abends nicht nach Hause. Sie schliefen in den Lumpenresten des Plüschstoffes. Um aber an allen Tagen wenigstens eine gute Mahlzeit zu haben, brachten sie in großen Töpfen ihre Buttermilchsuppe mit, stellten sie zum Warmhalten in die Lumpen und aßen sie mit Schwarzbrot.

Alte Art: 1 l Buttermilch, 2-3 Händevoll getrocknetes Obst (Pflaumen, Birnen, Äpfel), 4 Scheiben Schwarzbrot

Die Buttermilch aufkochen, das Obst darin ausquellen lassen. Das Obst diente sowohl als Süßmacher als auch zum Andicken und zum Sattmachen. Jeder brockte sich trockenes Schwarzbrot in den Teller und füllte mit der Suppe auf.

Heutige Art: 1 l Buttermilch, 2 El Mehl oder Grießmehl, 2 El Zucker, Rosinen nach Geschmack

Die Milch mit den Rosinen zum Kochen bringen, Mehl und Zucker mit Wasser anrühren, in die kochende Milch einrühren und aufkochen lassen. Verwendet man Grießmehl, so streut man es ohne anzurühren in die Milch und läßt es gut durchkochen. Statt der Rosinen schmeckt man die Suppe häufig mit Zimt ab.

Sagosuppe

1 l Milch, 1 Zitronenschale (in Spiralen geschnitten), 4 El Sago, 1 gehäufter El Zucker, Zitronensaft zum Abschmecken

Den Sago unter fließendem Wasser waschen und auf einem Sieb abtropfen lassen. Die Milch mit der Zitronenschale zum Kochen bringen, Sago einrühren und weiterkochen lassen, bis der Sago glasig geworden ist. Mit Zucker und evtl. Zitronensaft abschmecken. Die Zitronenschale vor dem Servieren entfernen.

Kann man auch mit hellem Bier kochen,
dann benötigt man aber auch mehr Zucker!

Biersuppe

Früher wurde die Biersuppe mit Mehl angedickt, heute nimmt man das besser schmeckende Vanillepuddingpulver.

1 l Milch, 1 Fl. Malzbier, 1 Päckchen Puddingpulver Vanillegeschmack, 1 Ei, 2 El Zucker, 1 Prise Salz, 1 Stange Zimt

Die Milch bringt man mit Salz, Zucker und Zimt zum Kochen. Puddingpulver und Eigelb werden mit ein wenig Bier angerührt und in die kochende Milch gegeben. Unter Rühren ein paarmal aufkochen lassen und das übrige Bier hinzugeben. Das Eiweiß zu steifem Schnee schlagen, in Flöckchen auf die Suppe geben und bei geschlossenem Deckel fest werden lassen.

Weinsuppe

In vielen Familien gab es diese Suppe als Neujahrsessen.

3 Eier, 3 El Zucker, 3 El Mehl, 1 Fl. Wein, 1 Fl. Wasser, 1/2 Stange Zimt

Die ganzen Eier werden mit dem Zucker schaumig geschlagen. Danach das Mehl unterrühren. Wein, Wasser und Zimt hineingeben. Unter ständigem Rühren zum Kochen bringen. Ein paarmal aufkochen lassen.

Obstsuppe

1 l Schemmer (s. S. 110) mit dem Obst, 30 g Mehl oder Speisestärke, 2 Eigelb, evtl. etwas Zucker

Den Schemmer aufkochen. Das Mehl mit etwas Wasser glatt rühren und den Obstsaft damit binden. Die Eigelb mit etwas Suppe verquirlen und unter Schlagen einlaufen lassen. Ist die Suppe zu sauer, kann mit Zucker nachgesüßt werden. Sollten die Obststücke zu groß sein, muß man sie vor dem Kochen klein schneiden.

Dieses schlichte Gericht wurde mit der Zeit verfeinert und durch Rosinen, Zimt oder Zitronenschalen komplettiert. Auch setzte man aus steifgeschlagenem Eischnee kleine Klöße auf die Suppe.

Notizen & weitere Rezepte:

Kartoffelsuppe
Knochen werden in Wasser ge-
kocht dann abgekochte Kartoffeln
Porree, Sellerie, Möhren, Lorbeer-
blatt weißen Pfeffer, hinzugege-
ben. Danach wird in etwas Butter
Mehl geröstet u. damit die Suppe
aufgelöst darnach wird die
durchgesiebt, etwas Sahne und
Muskat hinzugegeben

fig. 2

Hausschlachtung

Unterbarmen, oberhalb der Haspeler Brücke gesehen

Das Schlachten eines Schweines war früher im Bergischen Land durchaus nicht selbstverständlich. Es gab viele Familien, die zu arm waren, ein Schwein zu kaufen und es zu füttern. Häufig bezahlte man erst im Frühjahr die Schulden und die Ferkel vom Vorjahr mit geräuchertem Schinken. Die Schinken waren fast immer eine gute Nebenerwerbsquelle. Die anderen Fleischstücke wurden verwurstet, eingepökelt oder in Gläser eingekocht. Dazu zählten Nacken, Kotelettstrang und Schulter.

Das Einkochen von Fleisch

1 großes Nacken- oder Lummerstück, 40 g Fett zum Braten, Salz, Pfeffer, je Glas 3 Wacholderbeeren und 1 Lorbeerblatt, etwas Brühe

Das Fleisch salzen und pfeffern und in heißem Fett rundum gut anbraten. Den Bratenfond mit Wasser loskochen. Das Fleisch fast auf Glashöhe zerteilen (am besten eignen sich hohe, schlanke Gläser). Die Stücke in die Gläser schieben, 1/4 hoch Bratensatz auffüllen. Die Gewürze zugeben. Die Gläser ordnungsgemäß verschließen und im Wecktopf 2 Stunden bei 95° C sterilisieren.

Diese Bratenstücke brauchen nur aufgewärmt zu werden. Der Bratensatz wird mit Mehl zu einer kräftigen Soße gebunden. Durch das Einkochen ist das Fleisch besonders saftig und pikant.

Wammer mit besser wiet,
dann schmackt di Brüoh
grad so guot wie och dat Fliesch.

Bratwurst

Bratwurst war und ist die beliebteste Wurstsorte im Bergischen. Sie wird auf Kottenbutter gelegt, und wann immer man es möglich machen kann, im Gemüse mitgekocht.

2/3 der Gesamtmenge Fleisch, 1/3 fetter Speck, Salz, Pfeffer

Fleisch und Speck werden durch die grobe Scheibe des Fleischwolfs gedreht, mit Salz und Pfeffer pikant abgeschmeckt und dann in schmale Därme gefüllt.

Portionsweise abbinden. Frisch in der Pfanne braten oder, um sie haltbar zu machen, räuchern. Dann dienen sie als Brotbelag und Gemüsebeilage.

Hirn

1 Schweinehirn, Fett zum Braten, Salz, Pfeffer, Eier nach Belieben

Das Hirn muß gut wässern, dann wird es gesäubert und in Fett angebraten. Mit Salz und Pfeffer würzen. Eier nach Belieben darüberschlagen und in der Pfanne stocken lassen. Ab und zu wenden. Mit Schwarzbrot essen.

Neben der Wurstsuppe, in der man die Würste am Schlachttag abkochte, war Hirn so recht eine Delikatesse für ein Schlachtfestessen.

Panhas

Für dieses vielumschwärmte Gericht gibt es je nach Ort verschiedene Namen: Pannasch, Kröppels, Prinz, Prenz.

Panhas leitet sich ab vom niederdeutschen Pann = Pfanne und -harst/has von Hack- oder Kleinfleisch. Kröppels bedeutet soviel wie „kröppen" = stopfen, füllen. Prinz oder Prenz bezeichnet die Fürstlichkeit des Geschmacks.

Verwertet werden alle Fettgrieben, alle Speck- und Schinkenschwarten und alle Fleisch-, Schinken- und Wurstreste aus der Hausschlachtung.

Wie leidenschaftlich Kröppels geliebt wird, beschreibt Gustav Hermann Halbach in einem Gedicht, das wie folgt beginnt:

Ech mak nit völl Geschnäbbels
Et Beste, watt et gött,
Dat es'n Pann voll Kröppels:
Dran eet ech mech en Schwett.

Herz, Lunge, Leber, 500 g Bauchspeck, 375 g Blutwurst, Speckschwarten, Schweineschwänzchen oder -rippchen, Wasser, 1 Tl Muskat, 1 Tl Nelken, 1 Tl weißer Pfeffer, Salz, 100 g Speck, 250 g Buchweizenmehl

Man kocht die Fleischzutaten gut mit Wasser bedeckt gar, nimmt sie dann aus der Brühe und dreht sie durch den Fleischwolf. Das durchgedrehte Fleisch, den ausgelassenen Speck mit den „Döbbelchen" und den Gewürzen bringt man in der Fleischbrühe zum Kochen. Unter ständigem Rühren siebt man das Mehl hinzu und läßt das Ganze auf kleiner Flamme zu einem steifen Brei kochen (15-20 Minuten).

Der Panhas wird dann in kalt ausgespülte, irdene Gefäße gefüllt. Nach dem Erkalten stürzt man den „Kröppels" auf einen Teller, schneidet ihn in 1-2 cm dicke Scheiben und brät diese in heißem Fett knusprig braun. Sehr gut schmeckt Schwarzbrot dazu, aber auch Kartoffelsalat oder Bratkartoffeln.

Früher aß man „Kröppels" zur Abendmahlzeit. Man kann jedoch gut eine Mittagsmahlzeit daraus machen, wenn man Kröppels, Bratkartoffeln und grünen Salat oder auch Apfelmus auf den Tisch bringt.

fig. 3

Fleisch- und Wildgerichte

Bei Barmen

Fleisch- und Wildgerichte waren früher etwas Seltenes und Besonderes. Es gab bei weitem nicht jeden Sonntag Fleisch, ganz zu schweigen vom Alltag, den Wochentagen. Wenn man ein Schwein hatte, so mußte sein Fleisch das ganze Jahr über reichen. Ziegen aber, die Kühe des kleinen Mannes, gab es viele. Sie lieferten Milch (und somit Käse und Butter) und auch Fleisch.

Ebenfalls gab es zahlreiche Kaninchen in den Ställen im Garten hinter dem Haus.

Zusätzliche Delikatessen holte man sich illegal aus den Wäldern. Hasen und Krammetsvögel waren sehr beliebt. Die Hasen wanderten in den eigenen Topf – die Drosseln verkaufte man an Wohlhabende.

Dat schmackt guot!

Sauerbraten

bekannt als Rheinischer Surbroden, ist auch von dem Speisezettel des Bergischen Landes nicht wegzudenken.

1 kg Rindfleisch
Marinade:
1/2 l Wasser und 1/4 l Essig, 1 Tl Salz, 3 Zwiebeln, in Scheiben geschnitten, 1 Möhre, gewürfelt, 10 Pfefferkörner, 10 Wacholderbeeren, 3 Nelken, 2 Lorbeerblätter, 1/2 Tl Senfkörner

Wasser und Essig werden mit den Gewürzen aufgekocht. Sobald die Marinade erkaltet ist, gießt man sie über das Fleisch und läßt es 3-4 Tage darin ziehen. Mehrfach umwenden.

Das Fleisch herausnehmen, gut abtrocknen.

Zum Braten:
1 kleingehackte Zwiebel, Salz, Pfeffer, Mehl zum Binden der Soße, evtl. Zucker oder Rosinen, Fett zum Braten

Das Fleisch im Schmortopf in heißem Fett von allen Seiten gut anbraten. Die kleingehackte Zwiebel mitschmoren lassen. Nun mit der durchgesiebten Marinadenflüssigkeit ablöschen und garen. Verwendet man Rosinen zu diesem Braten, so kommen sie jetzt in den Topf und schmoren mit. Nach 1 1/2-2 Stunden die Soße mit Mehl binden und süß-säuerlich abschmecken.

Dazu passen gut Kartoffelklöße oder auch Nudeln. Apfelmus gehört immer dazu.

In vielen Familien wurde immer mehr Soße zubereitet als nötig, denn die schmeckte wunderbar zu Reibekuchen und war eine beliebte Abwechslung über Quellmänner (Pellkartoffeln) oder Salzkartoffeln.

In Refrath wird der Sauerbraten mit einer zerbröselten Scheibe Schwarzbrot und einer gewürfelten Möhre zusätzlich angebraten. Die Soße schmeckt man mit Apfelkraut ab; Rosinen fehlen hier.

Kaninchenbraten

100 g Speck, in Streifen geschnitten, 1 küchenfertiges Kaninchen, Salz, Pfeffer, 2 Zwiebeln, 1/2 l Brühe, 1 Möhre, 1 Stück Sellerie, Mehl zum Andicken der Soße

Das Kaninchen wird mit Speckstreifen gespickt, gesalzen und gepfeffert und in heißem Fett rundum angebraten. Kurz 1 Zwiebel mitschmoren, mit Brühe ablöschen und das Fleisch mit einer geputzten, gewürfelten Möhre und einem Stück Sellerie schmoren. Nach Beendigung der Bratzeit die Soße mit Mehl andicken und noch einmal mit Salz und Pfeffer abschmecken.

Hasenbraten

1 Hase, 300 g geräucherter Speck, Salz, Pfeffer, 8 Wacholderbeeren, 1/8 l saure Sahne

In einem großen Bratentopf den kleingeschnittenen Speck bräunen. Hier hinein gibt man den vorbereiteten und gesalzenen Hasen. Man übergießt den Hasen mit etwas heißer Butter. Der Hase muß ungefähr 1 Stunde lang braten und zwischendurch oft begossen werden, damit das Fleisch nicht austrocknet. Während des Bratens gibt man hin und wieder ein wenig Wasser dazu. Der Bratenfond wird mit saurer Sahne gebunden.

Hasenpfeffer

1-1½ kg Hasenpfeffer oder 2 Schlegel und 1 Rücken (den Rücken einmal anhacken lassen, dann paßt alles besser in den Topf), 100 g Speck, Mehl oder Blut, Apfelkraut
Marinade:
Wasser und Essig im Verhältnis 2 : 1, z. B. ½ l Wasser und ¼ l Essig, 2 Lorbeerblätter, 2 Nelken, 10 Pfefferkörner, 2 große Zwiebeln, in Scheiben geschnitten

Das Fleisch kauft man 3-4 Tage vor dem Gebrauch und legt es in eine Marinade, die das Fleisch gut bedeckt. In der Marinade mehrmals umwenden. Eiligen oder vergeßlichen Hausfrauen sei der Tip gegeben, daß die Marinade, aufgekocht und heiß über das Fleisch gegeben, die Einlegezeit um die Hälfte verkürzt.

Den Speck in kleine Würfel schneiden und das Fleisch anbraten. Mit Marinade ablöschen und bei kleiner Flamme in ca. 1½-2 Stunden gar kochen. Man nimmt dann die großen Gewürzteile aus der Soße. Zum Binden der Soße gießt man das Blut kurz vor Beendigung der Garzeit dazu und kocht so lange mit, bis es stockt.

Nimmt man Mehl zum Binden der Soße, dann röstet man das Mehl in einer gußeisernen Pfanne, bis es mittelbraun ist, und rührt es in die kochende Flüssigkeit. Die Soße mit Salz und Apfelkraut abschmecken.

Man ißt dazu mehlige Salzkartoffeln, Apfelmus und Preiselbeeren.

In vielen Familien ist Hasenpfeffer ein traditionelles Weihnachtsessen.

Krammetsvögel zu braten

Die Krammetsvögel müssen 2-3 Tage hängen, ehe man sie zubereitet. Hier ein altes Rezept aus dem 19. Jahrhundert:

„Man rupft 8-12 Kramtsvögel, sengt oder flammiert sie, wäscht sie leicht ab und zieht ihnen die Kopfhaut ab; alsdann werden die Augen ausgestochen, die Flügel im ersten Gelenk abgeschnitten, die Gurgel und der untere Teil des Schnabels entfernt, die Krallen etwas abgestutzt und die Füße um die Keulen gebogen; hierauf biegt man den Kopf nach hinten zurück und steckt den linken Fuß durch die Augenhöhle. Ausgenommen werden die Kramtsvögel nicht, man steckt ihnen aber ein paar Wacholderbeeren in den Leib. Nachdem man sie gesalzen hat, legt man sie auf Speckscheiben in eine Pfanne mit steigender Butter und bratet sie in 20-25 Minuten zugedeckt, auf ziemlich hellem Feuer bräunlich. Von Zeit zu Zeit gießt man 1 Löffel heißes Wasser in die Sauce und befüllt die Vögel fleißig. Kurz vor dem Anrichten gibt man ½ Teelöffel gestoßene Wacholderbeeren an die Sauce und läßt sie noch mit durchbraten. – Man kann die Vögel auch, nachdem sie gesalzen sind, jeden einzeln mit einer Speckscheibe umwickeln, an eisernen Stäbchen in einer Reihe aufspießen und sie unter fleißigem Begießen mit heißer Butter auf dem Rost braten, was nur 15 Minuten Zeit erfordert. Das Begießen mit Butter geschieht aber nicht auf dem Rost, sondern über der Pfanne, in welcher sich die heiße Butter befindet, indem man den Spieß mit den Vögeln vom Rost nimmt und über die Pfanne hält. – Vor dem Anrichten röstet man Weißbrotscheiben in wenig Butter mit gestoßenen Wacholderbeeren knusprig braun und legt jeden der gebratenen Vögel auf eine solche Scheibe. Außerdem garniert man auch die Schüssel mit solchen Röstschnitten und mit recht roten Ebereschenbeeren."

Anmerkung: Krammetsvögel im Herbst – Krähen im Frühjahr, besonders zu Pfingsten.

Frikadellen

Selten gab es Fleischbrühe, manchmal sonntags, häufig zu „Festessen". Das Fleisch, aus dem man die Brühe kochte, wurde nicht in die Suppe als Einlage zurückgegeben, sondern durch den Fleischwolf gedreht, zu Frikadellen geformt und als Fleischgericht gereicht.

500 g gekochtes Rindfleisch, 2 Scheiben Feinbrot,
1 Zwiebel, 1 Ei, Salz, Pfeffer

Das Fleisch mit dem Feinbrot durch den Fleischwolf drehen. Gut verkneten mit Ei und kleingehackter Zwiebel. Mit den Gewürzen abschmecken. Frikadellen aus dem Teig formen und in heißem Fett braten.

Die Frikadellen serviert man mit Salzkartoffeln, die mit heißer Brühe übergossen werden, und mit Salat im Sommer oder Rotkohl im Herbst und Winter.

Ziegenbraten

Der Ziegenrücken wird kurz mit kochendem Wasser übergossen, im heißen Backofen angebraten, gesalzen und unter fleißigem Begießen halb gar gebraten. Während dieser Zeit dämpft man kleingeschnittene Petersilie und Schnittlauch in etwas Butter, nimmt den halbfertigen Braten aus dem Ofen und schneidet ihn mehrmals ein. In jeden Schnitt füllt man ein wenig Kräuterfarce, gibt den Braten in den Ofen zurück und läßt ihn fertig garen. Der Bratensatz wird mit etwas Sahne gebunden und mit Pfeffer scharf abgeschmeckt.

Statt des Rückens kann man auch eine Keule nehmen, die allerdings länger braten muß.

Das süßliche Fleisch der Ziegen ist nicht jedermanns Sache; wegen seiner leichten Verdaulichkeit diente es aber häufig als Krankennahrung.

Notizen & weitere Rezepte:

fig. 4

Kartoffel- und Pfannengerichte

Burg an der Wupper

Wie eingangs schon berichtet, waren die Leute im Bergischen Land früher recht arm. Sie verdienten wenig Geld und ernährten sich zumeist von dem, was Wald und Feld ihnen boten und der Garten durch die Bearbeitung des Bodens wachsen ließ. Da liegt es nahe, daß, um all die vielen Familienmitglieder satt zu bekommen, hauptsächlich Kartoffeln angebaut wurden. Wen wundert es da, daß es zahllose Kartoffelgerichte gibt, die erfinderische Hausfrauen sich einfallen ließen, um dem täglichen Einerlei zu entgehen? Die bequemsten und mit wenig Arbeit verbundenen Gerichte waren die Quellmänner (Pellkartoffeln) mit Speckstippe (s. S. 40) und die Ofenkartoffeln (s. S. 40). Sie wurden heiß auf den blankgescheuerten Tisch geworfen. Ein großer Stippentopf stand in der Mitte, und jeder pellte und stippte seine Kartoffeln selbst.

Eine weitere sehr wichtige Rolle spielten die Gerichte aus geriebenen Kartoffeln, vor allem die Reibekuchen, die sehr beliebt waren und abwechslungsreich zubereitet wurden. Man backte sie stets frisch, bestrich sie mit Apfelkraut und aß sie zu oder auf Schwarzbrot. Man kann sich denken, wie stärkend Reibekuchen waren, wenn sie morgens um 10 Uhr oder nachmittags um 16 Uhr wohlverpackt und warm aufs Feld gebracht wurden, oder wie sie abends zum Abendbrot frisch aus der Pfanne mundeten. Der Mund wurde einem schon wäßrig gemacht von dem köstlichen Duft, der das ganze Haus durchzog. Weil sie preiswert und so beliebt waren, entwickelten sie sich allmählich zu Vereinsessen, als da sind Schützenfest, Kirmes, Weihnachtsmarkt u. a. Die Liebe zu diesen kleinen, kroß ausgebakkenen Plätzchen – man backte sie wohl auch als pfannengroße Kuchen – ging sogar so weit, daß man Reste davon – man warf ja nichts weg und ließ auch nichts verkommen – im Bett aufbewahrte. Da blieben sie schön warm.

Die Redensart „Eßt on drenkt öch satt, ett es noch Koochen em Bett" ist heute noch bekannt.

Aus dem Kartoffelteig aber machte man auch viele verschiedene „Pottkuoken" (s. S. 43), die man besonders sonntags aß, wenn man kein Fleischgericht servieren wollte – oder konnte.

Reste von Quellmännern oder Salzkartoffeln verlängerte man zu einer vollständigen Mahlzeit, indem man sie feingeschnibbelt oder in Scheiben geschnitten in einem Eierkuchenteig als Pfannkuchen ausbackte. Überhaupt spielte die Pfanne, die im Bergischen Land hergestellt und bis nach Holland hin vertrieben wurde, eine große Rolle. Nicht nur die Reibekuchen, sondern auch viele Arten von Eierkuchen mit Speck oder Obst (s. S. 51) wurden darin gebacken. Zu besonderem Ruhm hat es da der Lieberhausener Eierkuchen (s. S. 52) gebracht, den man heute noch in vielen Haushaltungen in und um Lieberhausen im Oberbergischen backt und der als Touristenattraktion und bei Kaffeekränzchenfahrten in einigen Gaststätten angeboten wird. Der Speckpfannkuchen dagegen war im ganzen Bergischen Land ein traditionelles Essen zu Ostern und Pfingsten und zu anderen kirchlichen und folkloristischen Feierlichkeiten, vornehmlich dann, wenn es viele Eier gab.

Ofenkartoffeln

Ofenkartoffeln sind ein einfaches Gericht, das keine Arbeit macht und kein Geld kostet, wenn man wie im Bergischen die Kartoffeln im eigenen Garten hat. Besonders gut schmeckten sie früher aus dem Backofen des Kohleherdes. Da im Ofen Holz zum Heizen lag und dieses schön warm war, legte man die frisch ausgemachten und sorgfältig gewaschenen Kartoffeln darauf. Sie blieben im Ofen so lange, bis sie gar waren. Das konnte – je nach Wärme – Stunden dauern, aber warum auch nicht, sie garten ja ohne zusätzliche Energie. Sie wurden „trocken" gegessen. Vielleicht gab es noch ein Glas Buttermilch dazu.

Etwas Besonderes wurde daraus, wenn man sie mit einer

Speckstippe

servierte. Dazu briet man Speck- und Zwiebelwürfel aus und rührte saure Milch oder Sahne ins Fett. Gewürzt wurde mit Salz und Pfeffer.

Eine andere Soße war im Oberbergischen beliebt: die

Biesekrüttchestipp (Schnittlauchsoße).

Für diese Soße gab man Fett in einen Topf, erhitzte es, gab Mehl dazu und Wasser und kochte alles auf. Gewürzt wurde mit Salz und Pfeffer und angereichert war sie mit viel kleingeschnittenem Schnittlauch, der nur kurz miterhitzt wurde, damit der scharfe Geschmack und die Vitamine nicht verloren gingen.

Übrigens ist aus Remscheid zu berichten: Wenn der Vater in den kalten Wintertagen frühmorgens zur Arbeit ging, nahm er 2 Ofenkartoffeln oder Quellmänner mit in den Rocktaschen. Wenn er in der Schmiede ankam, hatte er auch ohne Handschuhe schöne warme Hände.

gegessen wird
im Bergischen:
Wat op den
"Dösch kömmt!"

Bratkartoffeln – Gebroden Eäpel

wurde das Leibgericht vieler bergischer Familien mit dem Aufkommen der Kartoffel. Sie verdrängten die Hafermehlsuppe als Morgenmahlzeit. Sie wurden in sehr vielen Variationen zubereitet und zu fast jeder Mahlzeit am Tage, sogar zum sonntäglichen Frühstück gereicht. Eine alte Variante in der Zubereitung, die man heute wegen der Art der Öfen nicht mehr nachvollziehen kann, sind die

Pöttschesäpel

Dazu muß man wissen, daß es in der Herdplatte des Kohleofens eine Öffnung nach oben gab, die mit einer kreisrunden Scheibe und mehreren Ringen abgedeckt war. Jeder Haushalt verfügte über einen gußeisernen Topf, der genau in diese Öffnung der Herdplatte paßte, wenn die Scheibe und ein oder zwei Ringe entfernt wurden. Der Topf hing also im offenen Herdfeuer. Man erhitzte darin gutes Speiseöl und gab die geschälten, gewaschenen und gewürfelten Kartoffeln hinein. Mit Salz, evtl. auch mit Pfeffer wurde gewürzt. Zum Garen gab man etwas Wasser dazu. Zunächst im geschlossenen Topf garten die Kartoffeln ca. ½ Stunde, dabei wurden die Kartoffeln mehrmals gewendet. Dann nahm man den Deckel ab und ließ die Kartoffeln braun werden. Evtl. wurde auch eine kleingehackte Zwiebel mitgegart.

Bei der Kartoffelernte freute man sich auf die

Grauärschkers

Das sind die ganz kleinen Kartoffeln, die mit der Schale gebürstet und gewaschen werden. Öl oder Speck in der Pfanne erhitzen und die ganzen Kartoffeln mit Schale darin braten, salzen und mehrfach wenden. Zum Schluß der Garzeit gibt man Butter dazu, damit die Grauärschkers goldbraun und knusprig werden. Dazu aß man gebutterte Schwarzbrotschnitten.

Fragen Sie auf dem Wochenmarkt nach diesen frisch ausgemachten kleinen Kartoffeln !!

Gebrodene Eäpel met Olk (Dampfkartoffeln)

1 kg Kartoffeln, 100 g fetter Speck, 1 große Zwiebel,
ca. 1/2 l Wasser, Salz, Pfeffer, evtl. Essig

Die Kartoffeln werden geschält, gewaschen und in Scheiben (mancherorts in Würfel) geschnitten. Den Speck würfelt man, brät ihn hellbraun aus und läßt die kleingewürfelte Zwiebel darin glasig werden. Nun gibt man die Kartoffeln hinein, füllt mit Wasser auf und gibt die Gewürze dazu. Man läßt die Kartoffeln in der geschlossenen Pfanne gar schmoren auf kleiner Flamme. Ist die Flüssigkeit verkocht, nimmt man den Deckel ab und brät die Kartoffeln goldbraun. Dabei mehrmals umwenden.

Viele Familien beträufeln die Bratkartoffeln anschließend mit Essig.

Typisch bergische Varianten:

a) 1 Bratwurst in Scheiben schneiden und mit den Kartoffeln in den ausgelassenen Speck geben.

b) Bratwurstkartoffeln
Während der Garzeit legt man frische Bratwurst, grob gekörnt, oder auch Ziesen, fein gemahlen, auf die Kartoffeln.

Reibekuchen – Riefkuoken

1 1/2 kg Kartoffeln, 2 Eier, 1 große Zwiebel, Salz,
Mehl, Haferflocken oder heiße Milch zum Andicken,
Öl zum Ausbacken

Die Kartoffeln, möglichst fest kochende, werden geschält, gewaschen und gerieben. Die Reibe darf nicht zu fein sein. Das sich absetzende Wasser schüttet man ab und fügt der Reibemasse die Eier und die ganz feingeriebene Zwiebel hinzu. Bei wäßrigen Kartoffeln kann man den Teig mit Mehl etwas binden. Haferflocken werden häufig verwendet, weil sie den Teig beim Braten knuspriger werden lassen. Üblich ist in manchen Gegenden auch, heiße Milch in den Teig zu geben.

Riefkuoken müssen:
Dönn, brun on
knusprig sin!!

Etwas Öl in der Pfanne erhitzen. Beginnt es zu rauchen, gibt man mit dem Löffel kleine Portionen in die Pfanne und drückt sie mit dem Löffel flach. Von beiden Seiten goldbraun backen, die Ränder müssen knusprig werden. Man ißt sie auf einer gebutterten Schwarzbrotscheibe und bestreicht sie außerdem noch dick mit Apfel- oder Rübenkraut – sonntags sogar mit Reisbrei. Zur Fastnacht backte man Speck- oder Bratwurstscheiben mit ein.

Reibewaffeln

Da Mehl in früheren Zeiten ein kostbares Gut war, wurden Waffeln häufig ersatzweise mit den Kartoffeln aus eigener Ernte zubereitet. Man aß sie auch nicht nachmittags zum Kaffee, sondern abends frisch aus dem Waffeleisen, dick mit Apfelkraut oder -mus bestrichen, sonntags mit Reisbrei.

$2\frac{1}{2}$ kg Kartoffeln, 5-6 El Mehl, 5-6 Eier, Salz

Die rohen, geschälten Kartoffeln reiben und ablaufen lassen, dann Mehl und die ganzen Eier dazugeben und den Brei mit Salz abschmecken. Gut vermengen! Das Waffeleisen einfetten, vorheizen und die Waffeln im Eisen etwa 5-7 Minuten backen.

Völl tu völl
es ongesonk

Pottkuchen, Remscheider Art

Man bereitet einen Reibekuchenteig (s. S. 42). Dann legt man einen gußeisernen Topf oder einen Schmortopf mit Speckscheiben aus. Darauf streicht man die Reibekuchenmasse, deckt wieder mit Speck ab und legt den Deckel auf. Früher stellte man diesen Topf am Tage vorher an der Rand der Herdplatte. So konnte der Teig bei gleichmäßiger mittlerer Wärme über Nacht gar werden. Zum nächsten Mittagessen war der Pottkuchen fertig. Man stürzte ihn um, schnitt ihn in Scheiben und ließ ihn in heißem Fett knusprig braun braten. Dazu gab es Schwarzbrot mit Butter und Apfel- oder Rübenkraut.

Pöttscheskuoken, Burscheider Art

10 große Kartoffeln, 2-3 El Buchweizenmehl, 2 Eier, Salz, einige Speckscheiben, 250 g Backpflaumen, 2-3 geräucherte Bratwürstchen

Die Kartoffeln reiben und mit dem Buchweizenmehl und den Eiern binden. Mit Salz abschmecken. In einem gußeisernen Topf brät man den Speck aus, nimmt dann aber die Scheiben heraus. Nun füllt man lagenweise Kartoffelmasse, Backpflaumen, Kartoffelmasse, Bratwurstscheiben, Kartoffelmasse ein. Gebacken wird dieser Topfkuchen wie im vorhergehenden Rezept und entweder warm sofort gegessen oder in Scheiben geschnitten und aufgebraten bzw. kalt, mit Apfelkraut bestrichen, zu Schwarzbrot und Malzkaffee, Muckefuck genannt. Der Name Muckefuck rührt aus der Zeit der französischen Besatzung und ist eine Verstümmelung von „mocca faux", d. h. falscher Mokka.

Rievenbrei / Knudelnbrei

Vielfach gab es im Oberbergischen zum Mittag und Abend Rievenbrei – eine Milchsuppe mit Kartoffelklößchen als Einlage.

Suppe:
1 l Milch, 1 Tl Salz, 1 Prise Zucker

Klöße:
750 g rohe, mehlig kochende Kartoffeln, 250 g gekochte Kartoffeln, Salz, 1/8 l kochendheiße Milch, evtl. etwas Grieß oder Stärkemehl

Die rohen Kartoffeln reiben und gut auspressen. Sofort mit der heißen Milch übergießen. Die gekochten Kartoffeln heiß durchpressen und zu den rohen geben. Mit Salz abschmecken und gut durcharbeiten. Mit 2 Teelöffeln kleine Klößchen abstechen und diese in die Milch legen. Die Klöße darin 15 Minuten ziehen, aber nicht kochen lassen. Damit Sie sicher gehen, daß die Klöße nicht zerfallen, kochen Sie am besten einen Probekloß vorweg. Fällt er auseinander, dann binden Sie den Teig mit etwas Stärkemehl oder Grieß.

Varianten:
Wollte man an Milch sparen, so nahm man halb Milch, halb Wasser zur Suppe. Manchmal ersetzte man die Milchsuppe durch Fleischbrühe oder Salzwasser. Da hinein schlug man anschließend ein verquirltes Ei.

In Much reicherte man diese Suppe mit ausgebratenen Speck- und Zwiebelwürfeln an.

Man aß die Klöße auch wohl trocken mit Apfelmus oder zu Schwarzbrot mit Kraut.

Reste der Knudeln briet man mit frischer Bratwurst zusammen in der Pfanne. In Bergisch Gladbach schwärmt man davon!

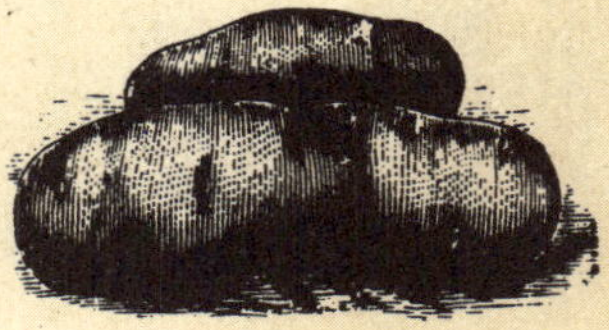

Frankfurter oder Schmorkartoffeln

1 kg kleine Kartoffeln, 80 g Speck, 1 kleine Zwiebel, 1 El Mehl, Wasser zum Ablöschen, Salz, Pfeffer, Senf, Essig

Die Kartoffeln werden als Pellkartoffeln gegart, dann gepellt und in Scheiben geschnitten.

Den Speck in Würfel schneiden, in einem Schmortopf auslassen, die kleingehackte Zwiebel darin glasig werden lassen, Mehl dazu geben und mit Wasser ablöschen. Ein paarmal aufkochen lassen. Nun mit den Gewürzen abschmecken. Die geschnittenen Pellkartoffeln in die heiße Soße geben.

Man ißt dazu rote Bete oder grüne Salate.

Der Name „Frankfurter" kommt wohl daher, daß man Frankfurter Würstchen dazu aß oder kleingeschnitten mit erhitzte.

Eäpelsfritz (Kartoffelkäse)

Not macht erfinderisch – so auch im Oberbergischen. Eäpelsfritz ist ein Brotaufstrich, der in schlechten Zeiten die Butter ersetzte.

1 kg Kartoffeln (mehlig kochende Sorte), Salz, Pfeffer, Milch

Die Kartoffeln schälen, waschen und in Salzwasser gar kochen. Das Wasser abschütten. Die Kartoffeln noch heiß durch eine Presse drücken oder stampfen. Die Milch aufkochen und soviel davon in den Kartoffelschnee rühren, daß eine glatte, streichfähige Masse entsteht. Mit Salz und Pfeffer recht pikant abschmecken.

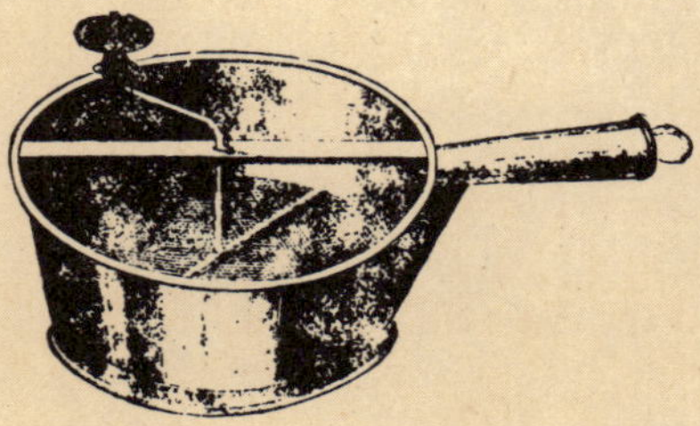

Kartoffelplätzchen – Eäpelsplätzker

1 kg Kartoffeln, 2 Eier, 1 El Kartoffelmehl, Salz, Muskat

Die Kartoffeln werden geschält, in Salzwasser gar gekocht und abgeschüttet. Man kann auch sehr gut Kartoffelreste vom Vortag verwenden. Die Kartoffeln werden nun mit dem Stampfer „Eäpelsdämmer" zerstampft. In manchen Familien werden die weichen Kartoffeln auch gerieben wie beim Reibekuchen.

Mit den Eiern und dem Kartoffelmehl knetet man alles gut durch, schmeckt mit Muskat und Salz ab und formt kleine, flache Plätzchen daraus.

Butter oder Margarine wird in der Pfanne erhitzt. Die Plätzchen darin goldbraun und knusprig von beiden Seiten braten.

Alle Arten von grünen Salaten passen sehr gut dazu. Früher aß man dazu Schwarzbrot und Butter, mit Apfel- oder Rübenkraut bestrichen.

Pillekuoken

Zutaten für 2-3 Pillekuoken:
500 g Kartoffeln, 2 Eier, 2 El Mehl, 2 Zwiebeln, Salz, Pfeffer, Öl zum Braten

Die Kartoffeln werden geschält, gewaschen und in Piller (Stifte) geraspelt. Es gibt eine spezielle Pillekuokenreibe. Man kann aber auch die größte Raspel einer mehrteiligen Haushaltsreibe nehmen. Nun rührt man die Eier, das Mehl und die ganz feingeriebenen Zwiebeln unter die Kartoffeln und schmeckt mit Salz und Pfeffer ab.

Öl, nicht zu wenig, in der Pfanne erhitzen und den Teig so hineingeben und formen, daß Kuchen entstehen, groß wie Pfannkuchen, aber doppelt so dick. Bei geschlossenem Deckel von beiden Seiten goldbraun und knusprig backen.

Dieses Gericht kam früher abends auf den Tisch, dazu gab es Schwarzbrot mit Butter und Rüben- oder Apfelkraut. Sehr gut schmeckt heute grüner Salat dazu.

Leineweber

Mundartlich Linnewever oder Schnibbelskauken genannt, je nachdem, in welchem Ort man wohnt! Dem Volksmund nach wurde das Gericht in Wuppertal-Barmen erfunden. Da soll um die Jahrhundertwende die Frau eines armen Webers aus Not, ihre große Familie mit wenig Geldauslagen satt zu bekommen und trotzdem etwas anderes als die üblichen Kartoffelgerichte anbieten zu müssen, auf dieses Gericht gekommen sein. Aber so ärmlich erscheint es uns nicht. Gleichzeitig ist es preiswert, deftig und sättigend.

1 kg gekochte Kartoffeln
Teig: 2 Eier, 1 Tl Salz, 250 g Mehl, ½ l Milch, Fett zum Braten

Aus den Zutaten einen Eierkuchenteig schlagen und zum Quellen einige Zeit stehen lassen. Inzwischen die gekochten Kartoffeln in Scheiben schneiden. Für die Leineweber läßt man etwas Fett in der Pfanne aus, gibt eine Suppenkelle Teig hinein und läßt ihn etwas anbraten. Dann gibt man ¼ der Kartoffelscheibenmenge obenauf, füllt noch etwas Teig auf und backt nun den Kuchen von beiden Seiten schön kroß braun.

Mit Schnittlauch bestreuen und mit Salat oder, wie früher üblich, mit gebuttertem und mit Apfelkraut bestrichenem Schwarzbrot essen.

Wat han ech
Schmeit

Erbsensuppenplätzchen

Reste der Erbsensuppe (s. S. 14) werden gestampft und mit soviel Mehl angedickt, daß man weiche Plätzchen daraus formen kann. Sie werden in der Pfanne in heißem Fett oder ausgelassenem gewürfeltem Speck ausgebraten. Die Plätzchen sind ein typisch bergisches Samstagabendgericht.

Pfannenbrei

Schmeerbrei und Wischebrie sind mundartlich andere Bezeichnungen für den Pfannenbrei.

3 Eier, 3 El Mehl, Milch, Wasser, Salz, ca. 50 g Speck

Man bereitet aus Eiern, Mehl, Milch und Wasser einen dünnen Eierkuchenteig, den man mit Salz abschmeckt. Milch und Wasser im Verhältnis $^{2}/_{3}$ zu $^{1}/_{3}$. Den Speck schneidet man in kleine Würfel und brät ihn in der Pfanne an. Den Teig schüttet man hinein und rührt kräftig und ununterbrochen bis zum Stocken. Bei vielen Pfannengerichten, so auch beim Schmeerbrei, stellte die Hausfrau die Pfanne mit dem fertigen Gericht mitten auf den Tisch, und alle löffelten den Brei aus der Pfanne und aßen dazu das kräftige bergische Schwarzbrot, mit Butter bestrichen.

Wenn die Eier knapp waren, gab es Schmeerbrei nur sonntags. Pfingsten aber z. B., wenn die jungen Burschen vom Pfingsteiersingen mit vielen Eiern nach Hause kamen, dann veranstaltete man wahre Orgien an Schmeerbrei-Essen.

Kröse

500 g Kartoffeln, 500 g Fleisch (aus der Wurstsuppe vom Schlachten), $1^{1}/_{2}$ l Wurstbrühe, Salz, Pfeffer, 1 Messerspitze gemahlene Nelken, 2 Lorbeerblätter, 1 Zwiebel, $^{1}/_{4}$ l Blut

Die Kartoffeln schälen, waschen, mit den Gewürzen gar kochen. Das Lorbeerblatt entfernen und die Kartoffeln durchpressen. Das Fleisch durch den Fleischwolf treiben. Man gibt die Wurstbrühe in die Pfanne, rührt die Kartoffeln und das Fleisch unter, läßt alles aufkochen und dickt das Gericht mit dem Blut an. Kröse soll noch breiig sein und darf nicht am Pfannenboden ansetzen. Man ißt es mit Schwarzbrot oder Bratkartoffeln. Reste vom Kröse in eine Schüssel geben und portionsweise in der Pfanne wieder aufbraten.

Et es besser,
dat de Buck barscht,
äs dat de godde
Kost verderft.

Bokweten Rötsch met Olk
es en Freten för et arme Volk

Dröger Rötsch (Buchweizenpfannkuchen)

Auf den kargen Böden des Bergischen Landes gedieh der Weizen nicht besonders und war demzufolge teuer, weil er aus der Rheinebene importiert werden mußte. Man baute deshalb früher den weit weniger anspruchsvollen Buchweizen an. Feingemahlen wurde er in der Küche verwendet, während man das grobe Mehl und die Grütze als Viehfutter nahm. Hafermehlkuchen und Buchweizenpfannkuchen waren also die Vorläufer unserer heutigen Eierpfannkuchen aus Weizenmehl.

Und so bereitet man den „Drögen Rötsch" zu:

125 g Buchweizenmehl, 1/4 l Wasser, 1/4 l Milch,
2 Eier, Salz, 80 g Speck

Das Mehl wird mit heißem Wasser, der Milch und 1 Prise Salz verrührt. Nun schlägt man die Eier unter den Teig und läßt alles einige Stunden zum Quellen stehen. Der Speck wird klein geschnitten. Pro Pfannkuchen brät man 1 Eßlöffel Speck aus. Darüber füllt man eine Suppenkelle Teig und backt daraus sehr dünne Kuchen.

Dazu ißt man Schwarzbrot, Butter, Apfel- oder Rübenkraut.

Ein ganz besonders festliches Gericht wurde aus dem Rötsch, wenn noch Rosinen und Korinthen unter den Teig gemischt und ein dicker Kuchen daraus gebacken wurde. Wasser und Milch wurden häufig durch kalten Malzkaffee (Muckefuck) ersetzt.

Hafermehlkuchen

Sie werden im Oberbergischen Breimehlskuchen genannt.

Wie schon bei der Hafermehlsuppe (s. S. 10) beschrieben, war das Mehl nur grob gesiebt und enthielt zum Leidwesen der Kinder häufig Spieren, die beim Essen das kräftige Kauen erforderten und trotzdem noch im Hals kratzten.

Besser en half Ei
as en ledigen Pott.

250 g Hafermehl, 1/2 l Wasser oder Wessig (das ist die Molke, die sich bei der Käseherstellung absetzt), 1 Tl Salz, 2 Eier, Fett oder Speckwürfel

Alle Zutaten verquirlen und zum Quellen einige Zeit stehen lassen. In heißem Fett oder mit ausgebratenen „Döbbelchen" (Speckwürfeln) große, dicke Kuchen daraus backen.

Mit Birnenkraut bestreichen oder „trocken" essen.

Eier-Pfannkuchen

Nachdem Hafermehl und Buchweizenmehl um die Jahrhundertwende außer Mode kamen, nahm man zum Backen von Pfannkuchen das feinere Weizenmehl. Vor dieser Zeit nur von den Bäckern zu Feinbroten und Brezeln verwendet, kochte und backte ab dieser Zeit auch die Hausfrau weitgehendst damit. Der Eier-Pfannkuchen mit Weizenmehl setzte sich schnell durch. Er wurde und wird als Speckpfannkuchen Ostern und Pfingsten, an Vereinsessen und oft zum Abendbrot gereicht. Einem Freier wurde früher mit aufgetischtem Speckpfannkuchen angedeutet, daß er willkommen war (ein unwillkommener mußte Kartoffeln schälen). Im Sommer, zur Beerenzeit, wird der Speckpfannkuchen vom Obstpfannkuchen abgelöst. Die bekanntesten Kuchen sind die Apfel- und Wollbeeren-(Heidelbeer-)Pfannkuchen. Sie schmecken erfrischend und herrlich süß.

Speckpfannkuchen

2 Eier, 1 Tl Salz, 1/2 l Milch, 250 g Mehl, Öl zum Braten, 8 El Speckwürfel

Eier, Salz, Milch und Mehl zu einem Teig verquirlen und zum Quellen einige Zeit beiseite stellen. In einer großen Pfanne etwas Öl erhitzen und die Speckwürfel kurz darin anbraten. Je eine Suppenkelle Teig einlaufen lassen und den Pfannkuchen von beiden Seiten goldgelb backen. Sofort essen.

Bimm, bamm, beier
Dä Köster mag keng Eier!
Wat mag hä dann?
Speck en de Pann!
Oh, wat en leckeren Kösterschmann!

Der Teig reicht für 4 Kuchen!

Obstpfannkuchen

2 Eier, 1 Tl Salz, ½ l Milch, 300 g Mehl, Öl zum Braten, Äpfel, Wollbeeren, Kirschen oder Pflaumen, Zucker zum Bestreuen

Einen Teig wie im vorhergehenden Rezept beschrieben herstellen. Er muß allerdings etwas dickflüssiger sein, da das Obst saftet.

Das Obst waschen, trockentupfen und z. T. klein schneiden. In einer Pfanne etwas Öl erhitzen, eine Suppenkelle voll Teig einlaufen lassen und etwas anbacken lassen. Dann von dem zerkleinerten Obst 1-2 Händevoll in den Teig drücken, etwas Teig darüberfüllen und den Kuchen nun von beiden Seiten goldgelb backen. Auf einen Teller gleiten lassen, mit feinem Zucker bestreuen und sofort essen.

Lieberhausener Eierkuchen

Dieser Eierkuchen, hoch wie eine Sahnetorte, hat seine Entstehung und seinen Namen dem entzückenden Ort Lieberhausen zu verdanken. Man bekommt ihn auch nur dort und in dem nahe gelegenen Niederrengse. Er ist aber so begehrt wie die Bergische Kaffeetafel und wie Bergische Waffeln. Denn ganze Busscharen treffen zur Kaffeezeit in den Lieberhausener Ausflugslokalen ein, um gemütlich bei Kaffee und Eierkuchen zu plaudern und zu schmausen.

Der Eierkuchen wird immer neu frisch zubereitet und ist für 4 Personen gerechnet. Dabei hat man die Wahl zwischen dem „Süßen" und dem „Pikanten". Der süße Kuchen ist mit feinem Zucker oder Puderzucker überstäubt, der pikante enthält ausgebratene Speckwürfel.

Eierkuchen I:
4 Eigelb, 1 Prise Salz, 20 g Mehl, 4 cl Milch, 4 Eiweiß, 2 El Öl zum Braten, feiner Streuzucker oder Puderzucker

Das Eigelb mit dem Salz, Mehl und der Milch verquirlen. Die Eiweiß zu sehr festem Schnee schlagen und beiseite stellen. In einer Pfanne 1 El Öl erhitzen, knapp die Hälfte des Teigs einlaufen lassen und auf der unteren Seite goldgelb backen. Den Eierkuchen auf einen Teller gleiten lassen. Das restliche Öl erhitzen und – bis auf 2 El – den restlichen Teig in die Pfanne geben. Etwas anbacken lassen. Dann den Eischnee auf den Eierkuchen in der Pfanne streichen, den 1. Eierkuchen mit der gebackenen Seite nach oben auflegen und den restlichen Teig von innen am Rande entlang gießen. Den Deckel auflegen und den Kuchen etwa 5 Minuten stocken lassen. Vorsicht, er brennt unten leicht an. Auf eine Tortenplatte gleiten lassen, mit Zucker bestreuen und sofort essen. Dazu schneidet man den Kuchen in Viertel und ißt ihn mit Messer und Gabel. Man trinkt gewöhnlich Kaffee dazu.

Eierkuchen II:
4 Eigelb, 1 Prise Salz, 20 g Mehl, 4 cl Milch, 4 Eiweiß, 40 g gewürfelter durchwachsener Speck

Der pikante Eierkuchen wird wie der süße hergestellt, statt aber Öl in der Pfanne zu erhitzen, läßt man jeweils die Hälfte des Specks aus und backt den Teig darin zu 2 Eierkuchen aus. Auch dieser Kuchen wird mit Kaffee serviert, schmeckt aber mit einem Schnäpschen zur Dämmerschoppenzeit auch sehr gut.

Übrigens: Sollte Ihnen der Kuchen beim ersten Mal zerlaufen, weil der Eischnee nicht fest genug war, dann lassen Sie sich nicht entmutigen. Selbst erfahrenen bergischen Eierkuchenbäckern passiert das noch manchmal.

Hemel hätt en lang Liev,
do gèht völl rin.

Pfannengrütze

Sie wird aus der Wurstbrühe und dem vom Schlachten übriggebliebenen Fleisch hergestellt.

2 l Brühe, 4 Zwiebeln, Pfeffer, Salz, Majoran und Piment nach Geschmack, Fleisch wie: Kopf, Herz, Hirn, Knochenfleisch u. a., 250 g Grütze

Die Grütze mit etwas heißer Brühe übergießen und quellen lassen. Das muß einige Male geschehen. Wenn die Grütze zu 3/4 auf diese Weise ausgequollen ist, wird sie mit den Gewürzen und dem kleingeschnittenen Fleisch aufgekocht. Gut durchkochen lassen, aber Vorsicht! Der Brei brennt leicht an. Von dem Brei gibt man einen „Schlag" voll in die Pfanne und brät ihn da schön braun an. Wenn Sie wollen, können Sie noch zusätzlich Zwiebeln mitbraten. Reste, die übrigbleiben, füllt man in kalt ausgespülte Schüsseln und brät sie am anderen Tag.

Puffertskuchen (Hefeplätzchen)

Püffertchen gab es traditionell in großen Mengen am Fastnachtsdienstag.

500 g Mehl, 4 Eier, etwas heißes Wasser, Zucker, Rosinen, Korinthen, Hefe, 1 Tasse Milch, 1 Tl Zucker, 1 Prise Salz

Alle Zutaten müssen Zimmertemperatur haben.

Die Hefe zerbröckelt man in ein Gefäß und setzt sie mit Milch, Zucker und Salz zum Gehen an.

Das Mehl in eine Schüssel sieben, aufgegangene Hefe in eine Vertiefung in der Mitte geben und mit etwas Mehl verrühren. Noch einmal gehen lassen. Die Eier kommen hinzu, und nun muß der Teig gerührt und dann tüchtig geschlagen werden. Wenn nötig, heißes Wasser dazugeben. Der Teig muß schwerreißend vom Löffel fallen. Mit Zucker, Rosinen oder Korinthen abschmecken.

Fett in der Pfanne erhitzen und kleine Plätzchen (ca. 1 Eßlöffel) langsam ausbacken.

Dazu ißt man Schwarzbrot, evtl. mit Kraut bestrichen. Puffertskuchen müssen warm gegessen werden. Bleiben bei einer Mahlzeit Plätzchen übrig, kann man sie wieder aufbereiten, indem man sie in Wasser taucht und dann ins heiße Fett gibt. Auf diese Weise quellen sie noch einmal auf. Oder man macht es wie früher und hält sie im Bett warm.

Variante: Den ganzen Teig auf einmal in der Pfanne als großen Puffert backen.

fig. 5

Gemüsegerichte und Salate

Elberfeld

Die Bergischen bevorzugen bei Gemüsegerichten das Durcheinandergekochte.

Dabei werden Gemüse und Kartoffeln getrennt abgekocht und in einem Topf in Fett angesetzt, gewürzt und zum Schluß mit dem Kartoffelstampfer zu Brei gedrückt. Daraus wird somit ein fester Eintopf. Man rechnet auf 1 kg Gemüse ungefähr 500 g Kartoffeln. Verwendet man Fleisch zu diesem Eintopf, z. B. Schweinerippchen, geräucherten Speck, Bratwurst oder Bauchspeck, so kocht man dieses vor, gibt dann das Gemüse und die Kartoffeln dazu und läßt alles fertig garen. Dann nimmt man das Fleisch heraus, stampft Gemüse und Kartoffeln klein und schmeckt mit Salz und Pfeffer ab.

Bei Möhren muß unbedingt ein Schuß Essig dazu.

Auf diese Weise kann man Weißkohl, Butterkohl, Mangold (in schmale Streifen geschnitten), Sauerkraut, Schnibbelbohnen, Möhren und Rübstiel kochen.

Vielerorts gibt man ins fertige Gericht einen Schuß heiße Milch und einen Stich Butter.

De Ogen sind
oft grötter as de Buck.

Ungewöhnlich in der Kombination der Gemüsearten und Kochweise sind folgende Gerichte:

Arachu

Der Name ist eine Verstümmelung des Gerichts „Irish Stew". Man kochte Arachu (sprich: Araschu) in den gutbürgerlichen Häusern im Oberbergischen.

750 g Hammelfleisch, 1 kg Kartoffeln, 500 g Möhren, 500 g gelbe Rüben oder Kappes, 1 Zwiebel, Salz, Pfeffer, etwas Brühe

Das Fleisch in Würfel schneiden. Die Kartoffeln schälen und in Scheiben schneiden, ebenso die Möhren und Rüben. Eine Auflaufform ausfetten und alle Zutaten lagenweise einschichten und würzen. Etwas Brühe angießen. Die Form fest schließen, ins Wasserbad setzen und 3 Stunden lang garen.

Do küön sech dä Bestevader vom Dokter dranen freeten.

Möhreneintopf

500 g Schweinerippchen, 1 kg Möhren, 500 g Kartoffeln, 1 große Zwiebel, 80 g Fett, 125 g eingeweichte weiße Bohnen

Das Fett in einem Topf zerlassen und das Fleisch von allen Seiten anbraten, aber nicht zu scharf. Die kleingeschnittene Zwiebel kurz mit anbraten. Mit Wasser ablöschen. Das Fleisch ca. 1 Stunde garen. Nun gibt man die in Stifte geschnittenen Möhren und die Bohnen hinzu (evtl. Flüssigkeit nachgießen). Wenn die Möhren halb gar sind, fügt man die rohen, gewürfelten Kartoffeln zu. Etwa 15 Minuten garen. Das Fleisch herausnehmen. Das Gemüse mit dem Eäpelsdämmer klein stampfen. Mit Salz, Pfeffer und Essig abschmecken. Die Rippchen wieder obenauf legen.

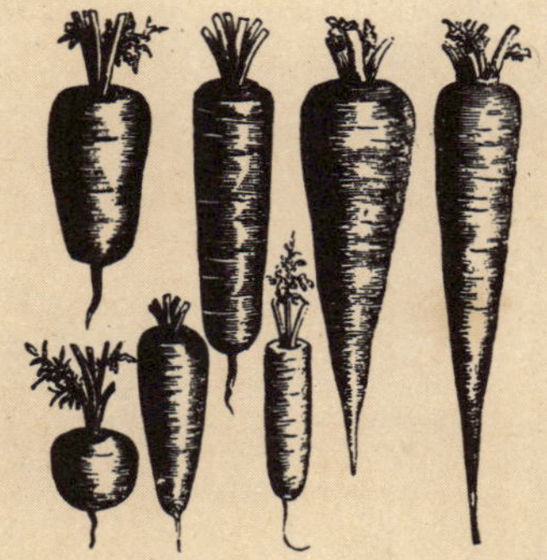

Möhren mit Pflaumen

500 g Möhren, 40 g Fett, Salz, Pfeffer, 1 Zwiebel, 1 Lorbeerblatt, 200 g Backpflaumen, 1 Tasse Wasser

Die Möhren putzen, waschen und in Scheiben schneiden. Das Fett wird in einem Topf erhitzt, die Möhren werden darin angebraten. Salzen und pfeffern. Die Zwiebel unterdessen häuten und in Würfel schneiden. Kurz mit anbraten. Das Wasser angießen, das Lorbeerblatt einlegen und die Backpflaumen obenauf legen. Den Deckel auf den Topf legen und das Gericht so lange kochen lassen, bis das Wasser fast ganz verdampft ist. Vorsichtig umrühren.

Dazu ißt man Schwarzbrot, mit Eäpelsfritz (s. S. 46) bestrichen.

„Hät ich döt, ou hät ich dat
decke Bohnen sen ich satt"

Dicke Bohnen mit kleinen Erbsen

80 g Speck, 1 kl. Zwiebel oder ½ Bd. Schnittlauch, 1 El Mehl, geräucherte Bratwurst, Salz, Pfeffer, 500 g enthülste dicke Bohnen, 250 g kleine enthülste Erbsen

Den Speck klein schneiden und in einem Topf hellbraun ausbraten. Die kleingeschnittene Zwiebel hineingeben und glasig dünsten. Die geräucherte Bratwurst (2-3) darin von allen Seiten schmoren lassen. Die Bratwurst herausnehmen, Mehl hinzufügen und mit Wasser ablöschen. Nun gibt man die Bohnen und Erbsen mit der Wurst in die Soße und läßt alles ziehen. Mit Schnittlauch oder Petersilie bestreuen, mit Salz und Pfeffer abschmecken.

Ein übriggebliebener Teil des Gerichts wird für das Abendessen als Salat bereitet:

Ein paar kleingewürfelte, gekochte Kartoffeln, 1 kleingeschnittene Zwiebel, Essig und etwas Gewürz werden untergemischt. Zu diesem Salat kommen Pfannkuchen auf den Tisch.

Sauerkraut mit weißen Bohnen

In einigen Ortschaften des Bergischen Landes bildeten Schinkenbraten, Sauerkraut mit weißen Bohnen und anschließend Reisbrei bei einer Hochzeit das Festmenü. Spielleute bliesen zu Tisch; gedeckt war unter den Bäumen des Hofes, denn am Deilbach feierte man Hochzeit im Freien. War das Wetter zu schlecht, wurde die Hochzeit verschoben – für uns heute ein unvorstellbarer Gedanke!

Im Burscheider Raum kochte man das Sauerkraut gleich für 3 Tage – wohl deshalb, weil man das Faß nicht zu oft öffnen wollte. Am 1. Tag gab es Sauerkraut, Kartoffeln und Speck, am 2. Tag wurden der „Kappes" und die Kartoffeln gemengt und am 3. Tag verlängerte man die Reste mit weißen Bohnen, die man untermengte: zeitsparend für die Hausfrau. Aber am 3. Tag gab es oft lange Gesichter bei den Familienmitgliedern!

„Und wenn im Dorfe Hochzeit ist,
dann könnt ihr sehen, wie er frißt."

Heute kocht man das Gericht so:

750 g Dickbein oder Bauchfleisch, 750 g Sauerkraut, 750 g Kartoffeln, 250 g weiße Bohnen (ersatzweise 1 Dose), 125 g durchwachsener, geräucherter Speck, Salz, Pfeffer, ½ l Wasser

Die Bohnen werden über Nacht eingeweicht und am anderen Morgen mit dem Einweichwasser und dem Dickbein 1 Stunde lang vorgekocht. Danach füllt man das Sauerkraut dazu, würzt mit Salz und Pfeffer und läßt den Topf noch einmal 1 Stunde lang köcheln. Die Kartoffeln kocht man extra, weil sie sonst glasig werden. Gar gekocht, werden sie zum Sauerkraut gegeben und mit dem Gemüse gestampft, damit der Eintopf schön sämig wird. Ausgelassene Speckwürfel vervollständigen den Geschmack. Das Dickbein reicht man gesondert mit Senf dazu oder schneidet es klein und mengt es unter den Eintopf.

Abwandlung: Wer weiße Bohnen aus der Dose bevorzugt, mischt sie erst zum Schluß mit unter, da sie ja vorgekocht sind.

Tip: Kochen Sie diesen Eintopf am Vortag und wärmen Sie ihn am nächsten Mittag nur auf. Dabei ist Vorsicht geboten, da das Gemüse leicht anbrennt.

Schnibbelbohneneintopf

500 g durchwachsener, geräucherter Bauchspeck, 750 g Kartoffeln, 500 g grüne Stangen- oder Buschbohnen, 2-3 Äpfel oder Birnen, 50 g Speckwürfel, 1 Zwiebel, ½ Tasse heiße Milch oder Sahne, Salz und Pfeffer

Den Speck knapp mit Wasser bedecken und 20 Minuten vorkochen. Inzwischen die Kartoffeln schälen und würfeln, die Bohnen abfädeln und durch die Schnibbelmaschine treiben (oder mit dem Schälmesser in feine Scheibchen schneiden). Das Obst nur waschen, nicht schälen oder entkernen.

Nach 20 Minuten Kochzeit schichtet man die Kartoffeln und Bohnen auf den Speck, würzt mit Salz und Pfeffer und legt die Äpfel oder Birnen obenauf. Nochmals 20 Minuten kochen lassen. Das

Obst vorsichtig abnehmen, mit dem Speck auf eine Platte legen und warm stellen. Das Gemüse leicht stampfen. Die heiße Milch oder die Sahne unterrühren und das Gericht noch einmal abschmecken. Die Zwiebel würfeln und mit den Speckwürfeln ausbraten. Das Gemüse in eine Schüssel geben, den ausgelassenen Speck darübergießen und mit dem Fleisch und dem Obst dekorieren.

Variante: Manche Familien schneiden das Obst klein, entkernen es und stampfen es nach dem Kochen mit unter.

Schlodderkappes

1 kg Weißkohl, 750 g Kartoffeln, 1 große Zwiebel, 1½ l Brühe oder Wasser, 125 g Speck, Pfeffer, Kümmel, Salz, etwas Mehl ·

Den Speck in Würfel schneiden und glasig braten, die Zwiebel mit andünsten. Die Weißkohlblätter in mundgerechte Stücke zupfen – ähnlich wie bei grünem Salat. Die Rippen flach schneiden. Den Kappes in dem Fett dünsten. Die Kartoffeln ins Gemüse packen, Brühe auffüllen, würzen und weich kochen. Mit etwas Mehl andicken und abschmecken.

Kappesrippen

Jeder Haushalt, der über einen Garten verfügte, war natürlich bemüht, diesen auch für die Vorratshaltung an Gemüse zu nutzen. Dreierlei wurde in großen Steintöpfen haltbar gemacht: Weißkohl (als Sauerkraut), Schnibbelbohnen (als Salzschneidebohnen bekannt) und Pflaumen, süß-sauer in Essig eingelegt.

Beim Einsalzen des Weißkohls wurden die dicken Rippen nicht mit verwertet. Sie schabte man auf dem Hobel feinblättrig und kochte sie als frisches Gemüse mit Kartoffeln und Speck wie den Schlodderkappes (s. vorhergehendes Rezept).

Dat Bruot es dür, di Tied is doll,
gottloev, di Kappestonn' es voll.

Brennesselgemüse

Im Frühjahr, wenn im Garten das Gemüse noch nicht soweit war, ging man an den Straßenrand und auf die Wiesen, um frisches, vitaminreiches Wildgemüse zu suchen. Junge Brennesseln waren früher kein Unkraut, sie wurden vor der Blütezeit gestochen und als pikantes Gemüse zubereitet. Damit das Gericht nicht zu scharf schmeckte, wurden die Blätter wohl mit kochendem Wasser kurz überbrüht.

1 kg junge Brennesseln, 40 g Fett, 1/2 l Brühe oder Wasser, etwas Mehl, Salz, Pfeffer, Sahne, evtl. etwas Essig, Zucker und Milch

Die Brennesseln waschen und in Streifen schneiden. In heißem Fett kurz anschmoren und mit der Brühe ablöschen. 10 Minuten kochen lassen. Etwas Mehl in Sahne anrühren, das Gericht damit binden. Mit Salz und Pfeffer abschmecken. Evtl. noch Essig, Zucker und Milch in die Soße geben.

Man aß dazu Pellkartoffeln und Bratwurst, oder man mengte gekochte Kartoffelwürfel und ausgebratene Speckwürfel in das Gemüse.

Als Gründonnerstagsgericht wurde es ohne Speck und Fleisch serviert.

Rübstiel

1-1 1/2 kg Rübstiel, 500 g geräuchertes Fleisch oder gutes Suppenfleisch, Salz, Pfeffer, Milch, Mehl, Muskat

Zunächst streift man die Blätter ab, wäscht die Stengel und schneidet sie in kleine Stücke. Im kochenden Salzwasser wird das Gemüse abgekocht und auf ein Sieb geschüttet. Das Fleisch 20 Minuten vorkochen, dann gibt man das Gemüse dazu und läßt das Ganze noch eine Stunde garen.

Nun gibt es Varianten:
1. Man bereitet eine helle Mehlschwitze, würzt mit Salz, Pfeffer und Muskat und gibt das Gemüse hinein.
2. Man verrührt 1 El Mehl in Milch und dickt damit das Gemüse an.
3. Man läßt 500 g gewürfelte Kartoffeln mitgaren, stampft alles mit dem Äpelsdämmer klein, gießt etwas heiße Milch hinein und schmeckt mit einem Stich Butter ab.

Rübstielgemüse darf nicht zu dünnflüssig gekocht werden.

Ebenso bereitet man

Butterkohl

zu. Er wird zuvor in feine Streifen geschnitten und dann wie oben beschrieben gekocht.

Petersilienkartoffeln

40 g Butter, 40 g Mehl, 1/4 l Kartoffelkochbrühe, 1/4 l Milch, 3-4 Bd. Petersilie, 750 g gekochte Kartoffeln, Salz, Pfeffer

Die Butter in einem Topf zerlassen. Das Mehl darin hell anschwitzen und mit dem Kartoffelkochwasser ablöschen. Mit Milch verfeinern, mit Salz und Pfeffer abschmecken. Die Kartoffeln würfeln und in die Soße geben. Die Petersilie waschen und grob hacken. In der Soße erhitzen, nicht kochen lassen, und bald zu Tisch geben. Petersilie sollte nie lange in der Soße ziehen, da sie unansehnlich wird und im Geschmack auslaugt. Dazu gibt es Leberwurst – natürlich kalt, in Scheiben geschnitten.

Gedämpfte Sterzesbirnen

Wie bei den Pöttschesäpeln gelingt auch dieses Gericht am besten, wenn es auf dem Kohleherd zubereitet wird. Man hängt einen gußeisernen Topf in das offene Feuer, indem man die Herdplatte und je nach Größe des Topfes auch noch 1 oder 2 Ringe abhebt. In dem Topf läßt man Butter schmelzen und brät darin kleine, harte Winterbirnen mit Schale und Stiel (Sterz) rundum an. Damit die Birnen gut durchschmoren können und nicht anbrennen, schüttet man ein wenig Wasser zu und dämpft sie im geschlossenen Topf. Gegessen werden sie heiß als Beilage zu Schweinerippchen, Bratkartoffeln oder Grünkohl.

Wirsingkloß

1 Wirsing von ca. 750 g, 500 g Hackfleisch, 1 Brötchen, 1 Zwiebel, Salz, Pfeffer, Muskat, 1 Ei

Die Wirsingblätter werden vom Strunk abgetrennt, die Rippen abgeflacht, die Blätter gewaschen und in kochendem Salzwasser kurz abgekocht. Man bereitet einen Hackfleischteig, indem man das Hackfleisch mit einem eingeweichten, ausgedrückten Brötchen, dem Ei, der gewürfelten Zwiebel und den Gewürzen verknetet. Ein sauberes Küchentuch wird ausgebreitet. Dort schichtet man im Wechsel die Wirsingblätter und das Fleisch aufeinander, formt daraus einen Kloß und bindet das Ganze zusammen. Salzwasser wird zum Kochen gebracht. Der Kloß wird mit einem Holzlöffelstiel ins Wasser gehängt und darin gar gekocht.

Dazu schmecken Salzkartoffeln und eine Holländische Soße, gut mit Muskat abgeschmeckt. Holländische Soße siehe Rezept für Petersilienkartoffeln (s. S. 67).

Kartoffelsalat (Eäpelschlot) mit Soleiern

Eäpelschlot war sowohl ein typisches Samstagabendgericht, als auch auf Ausflügen eine gute Picknick-Beigabe. Viele Berichte über bergische Familien erzählen von der Schönheit dieser Ausflüge, z. B. am Himmelfahrtstag ins Bergische. Dazu nahm man große Weckgläser mit Kartoffelsalat, Soleier und eine Flasche Quatsch mit. Quatsch ist selbstgemachter Himbeersirup, der mit dem frischen Quellwasser bergischer Bäche zu Saft verlängert und trinkfähig gemacht wurde.

Wintertags gab es statt der Soleier gebratene Blutwurstscheiben zum Salat.

Alles in allem ein praktisches Essen, denn die Eier konnte man einige Tage vorher bereiten, und der Salat wurde morgens zubereitet, so daß man abends schnell fertig war. Später gab es wohl auch schon mal „Knackwürschtchen" dazu. Besonders freute sich die Familie, wenn die Mutter soviel Salat bereitet hatte, daß etwas übrigblieb. Der Salat kam dann nämlich zum Sonntagabend in die Pfanne. Dazu darf man zur Salattunke allerdings keine Sahne oder Mayonnaise verwenden, sondern nur Öl.

Kartoffelsalat, der sich zum Braten eignet:

1 kg festkochende Kartoffeln, 2 Zwiebeln, Öl, Essig, Salz

Die Kartoffeln werden als Pellkartoffeln gegart, heiß gepellt und in sehr feine Scheiben geschnitten. Aus Öl, Essig, Salz und den feingehackten Zwiebeln bereitet man eine Tunke, gibt die Kartoffeln hinein und hebt sie vorsichtig mit 2 Gabeln unter. Nicht rühren, weil die Kartoffelscheiben sonst zerdrückt werden. Gut durchziehen lassen, evtl. etwas Öl nachfüllen und auch, wenn nötig, nachwürzen.

Zum Braten:
Wenig Fett – Öl – in einer Pfanne erhitzen und den Salat darin braten, mehrmals umwenden.

Frage:
„Vader, Muoder, ich ben hongerig!
Weßt Ihr wo?"
Antwort:
„Do!"

Feiner Kartoffelsalat

750 g Kartoffeln, 2 Eigelb, 3 El Öl, 1 Tl Senf, Essig, Salz, Pfeffer, 1 Zwiebel, 1 Eiweiß

Die Kartoffeln werden als Pellkartoffeln gegart, heiß gepellt und in sehr dünne Scheiben geschnitten. Für die Tunke schlägt man die Eigelb kräftig mit einem Schneebesen und gibt nach und nach das Öl dazu. Mit Senf, Essig, Salz, Pfeffer und kleingehackter Zwiebel würzen. Das Eiweiß zu steifem Schnee schlagen und vorsichtig unter die Tunke ziehen. Nun die Kartoffeln hineingeben und mit 2 Gabeln unterheben, nicht rühren!

Der Salat muß mehrere Stunden durchziehen.

Bim Tilleken stong immer en Döppen Soleier op der Theken.

Soleier

12 Eier, 1 l Wasser, 3 gehäufte El Salz

Die Eier hart kochen, abschrecken und an mehreren Stellen die Schale einknicken. Eine Salzlake bereiten und die Eier mindestens 24 Stunden darin einlegen. Zum Essen werden die Eier geschält, der Länge nach halbiert, das Eigelb wird herausgenommen und mit einer Gabel mit folgenden Gewürzen geknetet: Öl, Salz, Pfeffer, Senf, Essig.

Nun füllt man die Eihälften wieder mit dem angemengten Eigelb und läßt es sich schmecken.

In alten bergischen Kneipen stand immer ein großes Glas mit Soleiern an der Theke.

Endiviensalat und Feldsalat

Diese beiden frischen Salate kennt man zwar überall, aber im Bergischen Land knetete man in die Salatsoße aus Essig, Öl, Salz, Zucker, Pfeffer und 1 kleingehackten Zwiebel noch eine gekochte Salzkartoffel oder auch Pellkartoffel. Damit nimmt man dem Salat den leicht herben Geschmack.

Heringssalat

ein bergisches Heiligabend-Essen!

6 Heringe, 375 g eingelegte rote Bete, 375 g Pellkartoffeln, 375 g gekochtes Fleisch (Kalbfleisch, Rindfleisch), 4 Äpfel (Boskop), 4 Eier, 100 g Haselnüsse, 2 Zwiebeln, 3 Gurken, Mayonnaise aus Eidotter, Öl, Essig, Senf

Die Heringe werden gewässert, gesäubert, von Haut und Gräten befreit und in kleine Stücke geschnitten. Das Fleisch weich kochen, von Fett und Sehnen befreien und klein schneiden. (Die Brühe läßt sich gut weiterverarbeiten.) Pellkartoffeln und Eier kochen und klein schneiden, ebenso Äpfel, Zwiebeln, Gurken und die Haselnüsse. Die rote Bete klein schneiden. Eine Mayonnaise bereiten und die Zutaten vorsichtig unterheben. Mindestens 24 Stunden ziehen lassen, dann evtl. nachwürzen. Der Salat darf nicht gerührt werden! Mit Eihälften und Petersilie garniert auf den Tisch bringen.

fig. 6

Zwischenmahlzeiten

Steinenbrück bei Bensberg

„Mooder, donn mir en Botter!"

Neben der Morgen-, Mittags- und Abendmahlzeit findet sich die Familie zur „Koffeedrenkenstied" zusammen – oder sie nimmt sich auf dem Feld bzw. bei anderer aushäusiger Arbeit die Zeit dazu. Dabei geht es weitaus schlichter zu, als die „Bergische Kaffeetafel" uns einreden will. Samstags wurden Waffeln gebacken oder Platz mit Reis gegessen, werktags gab es bescheiden bestrichene Brote. Einige typische Beispiele seien hier genannt:

a) gebuttertes Schwarzbrot bestreicht man mit Quark (früher ohne Butter), gibt darüber eine Schicht Apfel- oder Rübenkraut;

b) gebuttertes Schwarzbrot belegt man mit einer Schnitte Stuten (früher mit 1/4 Brötchen);

c) gebuttertes Schwarzbrot belegt man mit „gemengtem Käse" – das ist Quark (Klatschkäse) mit Kräutern und Gewürzen nach Geschmack gewürzt: Schnittlauch, geriebene Zwiebel, Salz, Pfeffer, Anis, Kümmel, Safran;

d) gebuttertes Schwarzbrot wird mit gekochten, ausgekühlten Kartoffelscheiben belegt und mit Apfelkraut bestrichen;

e) gebuttertes Schwarzbrot wird mit einer Scheibe trockenen Kuchens (z. B. Rodon) belegt.

f) Platz (mit und ohne Rosinen) wird dick mit Reis bestrichen. Man sagt, der Reis muß so dick aufgehäuft sein, daß die Nase dran stößt;

g) aufs Feld brachte man frischgebackene Reibekuchen, die man an Ort und Stelle mit Apfelkraut oder Reis bestrich.

De Blagen kriechten de Bottern op de Fust.

Wie man Käse herstellte

Beim Brotaufstrich war der Speisezettel in den vorwiegend kleinbäuerlichen Wirtschaften von dem Grundsatz „Einfachheit und Sparsamkeit durch eigene Erzeugnisse" bestimmt. Die selbst bereitete Sauerrahmbutter mußte das bare Geld einbringen. Sie wurde verkauft oder im Laden gegen die notwendigen Lebensmittel eingetauscht. Deshalb war sie sogar im Bauernhaus oft Mangelware und mußte durch Quark und Obstkraut ersetzt werden. Beide wurden aber auch auf allerlei Pfannkuchen, Waffeln, Reibekuchen und Kartoffelpuffer gestrichen und Schwarzbrotschnitten mit „Klatschkäs" auch mit Vorliebe zu „jedämpten E'erpeln" verzehrt. So erschienen sowohl der leicht verdauliche und eiweißreiche „wiße Käs" und das an Fruchtzucker so reiche „Krut, Krutt, Krüttchen, Krückchen" als nahrhafte und wohlschmeckende Kost oft dreimal täglich auf dem Tisch: zur Morgen-, Kaffee- und Abendmahlzeit. Zumal der mit Vollmilch angerührte „Klatschkäs" erfreute sich solcher Beliebtheit, daß man ihn auch nach dem Aufkommen der Molkereien um 1900 noch nach alter, bewährter Art oder aus rückgelieferter Mager- und Buttermilch herstellte. Erst nachdem die Molkereien nach dem zweiten Weltkrieg die Quarkherstellung aufnahmen und die Genossen in Zeiten hohen Milchanfalls zwangsbelieferten, wurde Weißkäse im bäuerlichen Haushalt nicht oder nur noch selten bereitet.

Verfolgen wir einmal die einzelnen Arbeitsgänge bei der Käseherstellung! Die in den blanken kupfernen Milcheimern gemolkene Milch wurde in die „Se'ischottel" (Sieb) geschüttet, an der unten das „Se'iläppchen" mit einem Ring befestigt war. Die gesiebte Milch kam in bauchige, grau-blaue „Mellichdöppen", früher auch in „eeren Barren" (flache, irdene Schüsseln), die man auf das Gesims des „Schafes" (Wandschrank) oder auf den Tisch in der „De'el" oder auf dem „Ehren" (Diele, Küche) stellte. Nördlich der Agger war bis etwa 1910 in jedem Bauernhaus ein „Melkschap", ein breiter, niedriger Schrank mit Fliegendraht, der die irdenen, braunen Kumpe mit Milch aufnahm. In der mäßig warmen Stube oder Küche machte die Milch einen natürlichen Säureprozeß durch, sie kam zum Gerinnen, d. h. zum Ausfällen des Käsestoffes. Die so entstandene Milchsäure verlieh der sauren Milch und somit auch dem Quark nicht nur Wohlgeschmack, sondern auch einen hohen gesundheitlichen und heilenden Wert. – Nach ein paar Tagen konnte die Bäuerin den „Schmand" (Rahm) mit einem Löffel „affschmängen", oder sie löste den sauren Rahm mit einem Finger am inneren Rand, hielt den Kump schräg und blies den Rahm in das vier bis fünf Liter fassende „Schmanddöppen" ab. Die abgerahmte dicke Milch blieb im großen irdenen Topf oder wurde in ein „Isendöppen" geschüttet und dann auf den Hinterofen oder auf ein festes Pfännchen am Vorderofen des hohen eisernen Stubenofens gestellt. Die Töpfe blieben dort über Nacht bei etwa 30-32° C so lange stehen, bis sich der ausgefällte Käsestoff von dem Käsewasser (Molke, Wessing, Weske)

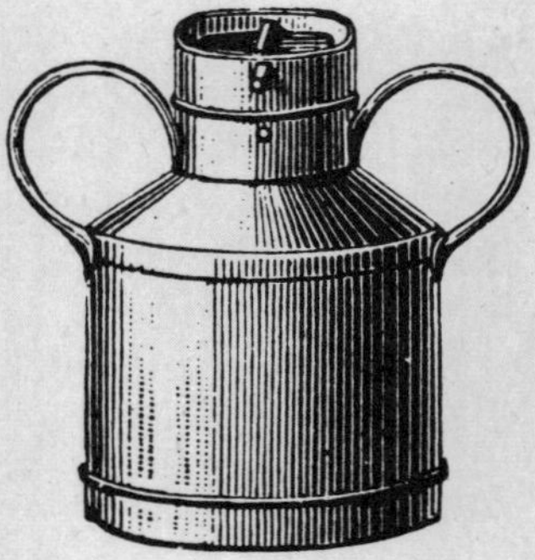

trennte. Dann kam die Masse in ein lose gewebtes weißes Leinentuch (Käslu'et, Käsplaggen), das man über eine Seihe gebreitet hatte. Der „Pöngel" wurde an den vier Enden zusammengebunden oder -geknüpft, daß Käse und Wessing im Tuch eine fast kugelförmige Masse bildeten. Über Nacht wurde der „Käspöngel" am Knopf vom „Döschschooß", „Döschkasten" aufgehängt und ein „Döppen" oder „Beerchen" zum Auffangen des abtropfenden Käsewassers daruntergestellt. Je mehr Molke dem Gemisch entzogen wurde, desto fester wurde der Quark. Am anderen Morgen nahm die Bäuerin den ziemlich trockenen „Kluten" (Klumpen) heraus und stellte ihn im Teller auf den Kaffeetisch. Alt und jung schnitt davon „Schiewen" ab und legte sie auf die Butter- und Krautbrote, besonders, wenn sie zu Erntemahlzeiten ins Feld gebracht wurden. Das Käsewasser fand noch Verwendung bei der Zubereitung der „Bre'imelssoppe" (Haferbrei) und diente als Schweinefutter.

Häufiger und wohlschmeckender war jedoch der mit Vollmilch, seltener mit „Ke'ernmellich" (Buttermilch) angerührte „Klatschkäs, jemante Käs oder Röhrkäs". Er wurde täglich frisch angerührt, durch langes Kneten sahneähnlich gemacht und je nach Geschmack mit Zucker, Salz, Kümmel, Zwiebel und im Sommer auch mit Schnittlauch gewürzt. Da er gut schmeckte, nahrhaft und schnell zu bereiten war, erschien er zur Morgen-, Nachmittags- und Abendmahlzeit auf dem Tisch. Man strich ihn aufs trockene Schwarzbrot oder auf „Kruttdongen" (Krautbrote), seltener auf Butterbrote. Der Aufstrich von Butter und Käse oder gar von Butter, Käse und Kraut wurde von unseren genügsamen und sparsamen Vorfahren als verschwenderisch angesehen. Brote mit „Klatschkäs" schmeckten auch morgens und abends gut zu Brat- oder Dämpfkartoffeln. Eine beliebte Zusammenstellung war besonders „gedämpte E'erpel on jemanter Käs", bis 1914 noch ein häufiges Gericht und vereinzelt heute noch zu finden. Von der Beliebtheit dieses Brotaufstrichs zeugten die Sprichwörter „Krutt on Käs, datt es en chot Jeäß", oder ähnlich „Botter on Käs – en lecker Jefräß", „Käsbotter on Bru'et schlet de Tü'erken do'et", „Wann ech Krutt on Käs hann, well ich Botter nett sehn". Aber von Kraut und Käse allein kann man nicht leben, was das Volk scherzhaft und anschaulich so ausdrückt: „Krutt on Käs – en chot Jeäß, awwer wäer doovan well le'ewen, denn ka mr chotzjott (bold) an dr Botze obhe'ewen." Den Kindern versuchte man den Verzehr von Quark durch die Redensart schmackhaft zu machen; „Wann-er (wenn ihr) Klautschkäs ääßt, konnd-er chot flöten", oder bei den ersten Flötversuchen: „Jong, du moß mehr Klatschkäs äßen!"

Nach dem Aufkommen der Molkereien um 1900 behielt man soviel Milch zurück, daß zur Käsebereitung genug übrig blieb. Auch heute ziehen manche Bauern den selbst bereiteten Quark vor, weil er durch natürliche Milchsäuerung entsteht und deshalb schmackhafter ist als der aus Magermilch hergestellte Molkereikäse mit milderem Geschmack. In den Molkereien wird aller Käse aus erhitzter Milch (80%) zubereitet, die durch Zusatz von Lab und Reinkulturen schneller zum Gerinnen, d. h. zum Ausfällen des Eiweißes gebracht wird (Lab ist ein Ferment, das aus Kälbermägen gewonnen wird). Durch das Erhitzen tritt eine biologische und geschmackliche Veränderung ein. Die meisten Bauern beziehen allerdings heute 40% Speisequark und nach 1950 auch Schnittkäse nach holländischer Art aus den Molkereien und stellen nur dann Quark her, wenn ihnen Milch sauer geworden ist.

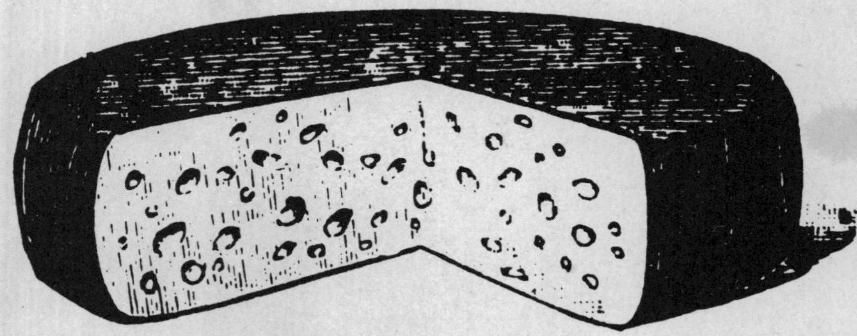

Ein sehr fetthaltiger Käse war der „Eier- oder Biestkäs". Er wurde aus der zweiten und dritten, auch noch aus der vierten und fünften Milch nach dem Kalben und zwei bis drei Eiern in einem Wasserbad zu einer steifen Masse gekocht und galt als sehr wohlschmeckend.

Als besonders lecker ist der aus Buttermilch bereitete „Ke'ernmellichskäs" in Erinnerung. Allerdings war es die früher beim häuslichen Kirnen entstandene Buttermilch, die weit wohlschmeckender und fettreicher war als die heutige aus Molkereien. Man liebte genau wie bei den durch Sauerteig hergestellten Broten den feinsäuerlichen Geschmack dieses Käses. Manche Bauern bereiten auch heute noch aus der von der Molkerei gelieferten Buttermilch Käse, der mit Milch und Zucker gerührt wird und „chot schmackt".

Als in den 80er und 90er Jahren „de Welt noch voll Hippen woo'-er", diente häufig weißer Käse aus Ziegenmilch als Brotbelag, wenn er auch wie die Milch herb bis bitter im Geschmack war. Ziegenmilch war in gekochtem Zustand für den Bohnenkaffee sehr beliebt. Bis etwa 1900, vereinzelt noch bis 1914, war auch im Bergischen ein aus Quark bereiteter haltbarer Hartkäse bekannt und geschätzt, der mundartlich „Fuust-, Hand-, Stenk-, Kömmel- oder Koomkäs" hieß. Dabei wurde der steife Käse ohne Milchzusatz mit Salz, Kümmel, Pfeffer, zuweilen auch mit Zimt, Safran und gemahlenen Nelken gewürzt, gründlich geknetet und mit der Hand zu faustgroßen Kugeln oder Kegeln geformt. Diesen würzigen und scharfen „Fuustkäs" ließ man außen auf der Fensterbank, auf dem Bord des „Schafes" (Wandschrank in der Wohnstube) oder auf einem Brett überm Ofen etwa acht Tage reifen, bis er außen ganz hart und gelblich war. Im Verlauf der Reifung (Gärung) wirkten Milchsäurebakterien und Schimmelpilze mit, so daß Milchzucker, Eiweiß und Fett bestimmte Umwandlungen erfuhren. Die Hartkäschen hielten sich lange, auch wenn sie schimmelten. Man ließ sie nämlich oft so lange gären, bis sich „Koom" (Schimmel) bildete, daher die Bezeichnung „Koomkäscher". Dieser pikante Käse war der Stolz der Hausfrau und schmeckte, in Scheiben geschnitten, besonders lecker auf dem feinsäuerlichen Bauernbrot mit Butter. – Früher verwandte man zur Käseherstellung eine kleine Käsepresse. Sie bestand aus einem 15 cm breiten und 20 cm hohen Kübel, hatte oben zwei Griffe und im Boden und in der Wand seitlich je sechs Öffnungen zum Ablaufen des Käsewassers. Ein 10 cm breiter, runder Stößer diente zum Pressen.

Als billigen Brotaufstrich kannte man bis in die neunziger Jahre noch einen Ersatzkäse „E'erpelskäs" oder „E'erpelsfritz" genannt. Er bestand entweder aus gestampften „Quellmännern" (Pellkartoffeln), Milch oder dicker Milch, Salz und Pfeffer, seltener mit einem Ei, oder aus Stampfkartoffeln und Quark. Bei der Zubereitung wurden gekochte Kartoffeln „du'er en Se'i geschlan", Milch und Salz, seltener Rahm zugesetzt und zu einem steifen Brei gerührt. Der zum baldigen Gebrauch bestimmte „E'erpelskäs" wurde in einem „Kömpchen" (Kump, Holz- oder Tonschüssel) oder in einem „Steendöppen" (Steinguttopf) aufbewahrt. Den mit etwas Sauerrahm verbesserten Kartoffelkäse briet die Bäuerin gerne am anderen Morgen kurz in der Pfanne. Einen besonders herzhaften Geschmack hatte dieser Käse, wenn man ihm „Ollich" (Zwiebel) oder „Beesekrüttchen" (Schnittlauch) zusetzte. Auch die Schulkinder mußten zuweilen mit einer „E'erpelsfritzbotter" ohne Butter vorlieb nehmen. Wenn die Butter knapp war, bereitete die Bäuerin schnell einen Brotaufstrich aus Milch und einem Ei. Sie verrührte beides und ließ die Masse durch Kochen eindicken. Dann würzte man mit Salz und strich die Ersatzbutter aufs trockene Brot. „Doo woo'er mr sparsamer es hüt", ergänzte eine alte Bäuerin diesen Bericht.

Bezeichnend für die Bescheidenheit der alten Zeit sind einige weitere Bemerkungen alter Oberberger: „En user Blagenzitt (Kinderzeit) woo'er de Botter selden; die mußt verkoft wären. Mr kre'en Klatschkäs odder Krutt ob-et drü Bro'et. Hüt dohn se dre'i Deel obeen (aufeinander). Meng Ö'em hat dn Stall voll Köh on maacht vill wißen Käs. Di schotte en-en (in eine) Se'i on sagt: ‚Hie Blagen, nehmt öch en Se'i voll met!' Doo woore mr awwer stolz!" Von der kargen Morgenmahlzeit erzählte ein Bauer und Pflasterer aus seiner Kinderzeit: „Wi mr en de Scho'el chengen, doo kre'e mr füer de Nööchter (zu ‚nüchtern', erstes Frühstück) en Komp voll E'erpelsstöcker ob den Dösch. Eener konnt dn angern nett sehn, so schwe'emten die (dampften), on dann chreffe mr doo mit dr Chaffel dren, on doobi choof et selwer jebackenes Bro'et mett Krutt odder Klatschkäs. On dann cheng uus Mama heren on dä E'erpel sto'eßen on dä Käs, Mellich on Kömmel dren, on daat woo'er dann dr E'erpelskäs, ob de Scho'eldongen (Schulbrote). Ob de Mellich koom kochend Wasser, datt woo'er Flötwasser. Wa mr Botter on Käs ü'erween däen, dann sat uus Mama: ,O, datt chitt scheef Been!'"

Käsebrote spielten bis etwa 1870 beim Freien eine für die Burschen oft peinliche Rolle. Wenn sich nämlich sonntagsabends einmal mehrere Jungen in der Wohnstube einfanden und sich um die Gunst einer schönen „Fre'ierschen" bewarben, dann war es Brauch, dem unerwünschten Freier als stummes Zeichen der Ablehnung ein Käsebutterbrot zu überreichen, und dann hieß es in der Nachbarschaft am anderen Tag schadenfroh: „Hä hed-en Käsdong gereet kre'en!", im niederfränkischen Raum Marienheide-Wipperfürth: „Demm hänt se en Käsebotter jejäwen, dä bruckt nich wi'ertekommen."

(aus: Rheinisch-Bergischer Kalender 1964, S. 137-141 „Wa ha mer hüt en ander Welt" von Otto Kaufmann, Heider Verlag, Bergisch Gladbach.)

Kochkäse

250 g Magerquark, 1 Eigelb, 1/2 Tl Anis, 1 Messerspitze Safran, Salz und Zucker, 1 Messerspitze Butter, 2 Tl Vanillepuddingpulver, 2 El Wasser

Das Puddingpulver mit dem Wasser verrühren. Alle Zutaten mit dem Quark vermengen und unter ständigem Rühren zum Kochen bringen. Vorsicht ist geboten, der Käse brennt leicht an. Ungeübte bringen ihn am besten im Wasserbad zum Kochen. Auskühlen lassen und als Brotaufstrich verwenden.

Kröckchen (Apfelkraut)

Das Niederbergische Land, das ein mildes, warmes Klima aufweist, ist das Land der Obstbäume. Leichlingen z. B. nennt man die Obstkammer des Bergischen Landes; es ist zur Baumblüte viel bewunderte Touristenattraktion. An sanften Hügeln ziehen sich Apfel-, Birnen-, Pfirsich- und Pflaumenplantagen hoch. Sogar die Frühlingskirmes hat ihren Namen nach der Obstsorte: die Leichlinger Erdbeerkirmes. Aber auch in anderen Ortschaften, wie Burscheid, Sträßchen, Spitze und vielen mehr, gedeiht das Obst hervorragend. Vorherrschend sind die Äpfel, süße, saftige Äpfel. Das ist auch der Grund, daß sich in dieser Gegend viele Krautfabriken angesiedelt haben. Die Bevölkerung bringt zentnerweise das Obst (Äpfel und Birnen) in die Patsche, so nennt man die Krautfabrik, und holt sich einige Tage später Apfelsaft und Apfelkraut dagegen ab. Das Kraut wird ohne Zucker hergestellt, deshalb verarbeiten manche Fabriken Äpfel und Birnen im Gemisch, damit das Kraut süßer wird. Das Obst wird gepreßt, der Saft wird durch ständiges Rühren dick und braun eingekocht. Früher machten viele Haushaltungen ihr Kraut selbst, heute ist das unüblich geworden. Man holt sich sein Kraut in 25-l-Eimern.

Kottenbutter

Dieses gehaltvolle belegte Brot hat seinen Namen vom „Kotten", das ist im Bergischen der Name für die Werkstatt der Feilenhauer und Hammerschmiede. Kottenbutter war also das kräftigende Frühstück für die Männer in der „Schmette" oder „em Hamer". Aber nicht nur die hart arbeitenden Männer schätzten dieses zünftige Brot, es wurde häufig auch als Verlobungsessen, zur Taufe oder zu anderen Festen gereicht. Dabei durften dann Korn und Bier natürlich nicht fehlen.

Pro Person:
2 Scheiben Schwarzbrot, Butter, 1 Zwiebel, Senf, Bratwurst (eine grobgekörnte Wurst, geräuchert und schnittfest)

Die Schwarzbrotscheiben bestreicht man mit Butter und ein wenig Senf. Eine Schnitte belegt man mit in Scheiben geschnittener Bratwurst und Zwiebelringen, die andere Schnitte klappt man obendrauf.

Kaal sall he hetten,
"he sall mit hölpen
en der Schmedten."

Der Balkhauser Kotten bei Glüder a. d. Wupper

Die Bergische Kaffeetafel

Vielgerühmt, überall bekannt als *die* Spezialität des Bergischen Landes schlechthin, war die Bergische Kaffeetafel durchaus nicht immer so üppig, wie sie heute allenthalben angeboten wird.

Sie entstand aus der Bereitschaft der Familien, ihren Gästen alles anzubieten, was der Vorrat ermöglichte. Das fiel in früheren Zeiten oft mager aus. Zunächst bot man Brot und Reisbrei, Hafermehlwaffeln und Apfelkraut an. Je größer der Wohlstand wurde, desto feiner fiel die Kaffeetafel aus.

Heute besteht sie aus:

1) Korinthenweißbrot oder Waffeln, die man dick mit Reisbrei und Zimt und Zucker bestreicht,

2) Stuten oder Schwarzbrot mit Butter, Marmelade und Klatschkäse (Quark),

3) Rodonkuchen oder Ballbäuschen,

4) Schwarzbrot mit Butter und Käse,

5) aus Burger Brezeln und Zwiebäcken zum Stippen,

6) Kaffee aus der Bergischen Dröppelmina und

7) – last not least – aus einem „Aufgesetzten".

Die Rezepte zum Nachbereiten der Kaffeetafel finden Sie an den entsprechenden Stellen (unter Gebäck, Getränke, Zwischenmahlzeiten usw).

Hervorgehoben werden aber muß noch das Prunkstück einer jeden Tafel: die Kaffeekanne, die mitten auf dem Tisch stand und aus der sich jeder selbst bediente. Diese Kanne ist eine Kranenkanne aus Zinn, die, wie der Reis und der Kaffee, von Holland aus ihren Siegeszug ins Bergische Land hielt. Zunächst in Holland hergestellt und im Zuge des Im- und Exportaustausches ins Bergische gelangt, fabrizierten die Zinngießer hier bald ihre eigenen Kannen. Den Namen „Dröppelmina" erhielt die Kanne, weil der Kaffeesatz (zunächst Gersten- oder Malzkaffee, später Bohnenkaffee) ziemlich

Mit Waater kammer
alles verderwen.

schnell das Kränchen verstopfte und der Kaffee nur noch tropfenweise austrat. Da gibt es sehr amüsante Geschichten, wie man den Nachteil ad hoc beseitigen wollte, nämlich durch Schlagen mit der flachen Hand auf den Deckel, durch Pusten oder durch „Herumprokeln" im Kränchen mit Hilfe einer Haarnadel. Und welche Malheurchen passierten da! Später, als der Kaffee gefiltert in die Kannen kam, dachte man, das Dröppeln sei behoben. Weit gefehlt – selten schließt ein Kran dicht, so daß das Minchen jetzt bei geschlossenem Kränchen dröppelt.

Leider findet man heute nur noch selten Kranenkannen auf dem Kaffeetisch (sie werden zu hohen Preisen antiquarisch gehandelt), aber früher, wenn Beerdigungen, Vereinsfeiern, Kirmeskaffees in den Gasthäusern stattfanden, dann standen bis zu 20 l fassende Kannen auf den Tischen.

fig · 7

Desserts

Hückeswagen

Desserts im eigentlichen Sinne hat es im Bergischen in alten Zeiten nicht gegeben. Die Mahlzeit bestand fast immer nur aus *einem* „Gang", einer kräftigen Suppe, einem Eintopf oder aus einem Kartoffel- oder Pfannengericht. Als Nachtisch gab es höchstens einmal eine süße Milchsuppe, die man dann vom selben Teller aß wie die Hauptspeise. Wie sparsam man wirtschaftete, zeigen die beiden Desserts Kröckchensuppe und Brezelmilch. Die „feinen" Desserts bürgerten sich erst mit zunehmendem Wohlstand ein. Der Reisbrei, nicht unbedingt vom Ursprung her als Nachtisch anzusehen, sondern als Beilage zu Brot und Aufstrich auf Waffeln, wird aber bereits im 18. Jahrhundert urkundlich erwähnt, dann nämlich, als ein reger Warenaustausch mit Holland sich anbahnte.

Milchsuppe

1 l Milch, 40 g Kartoffelmehl, Vanillestange, 1 geh. El Zucker

Von der Milch nimmt man 1 Tasse ab und rührt damit das Kartoffelmehl an. Die übrige Milch mit der Vanillestange zum Kochen bringen, das angerührte Mehl einrühren und mehrmals aufkochen lassen. Mit Zucker abschmecken.

Varianten:
I. Man kann etwas Kakaopulver einrühren.
II. Man kann vor dem Auftragen einige Eischneeflöckchen auf die Suppe geben.

Kröckchensuppe

Kröckchen oder Krückchen ist das mundartliche Wort für Kraut. Gemeint ist damit das Apfelkraut, das man überall da, wo im Bergischen viele Äpfel wuchsen, herstellte – früher in fast jedem Haushalt, später, weil die Vorrichtungen überaltert waren, in gewerbsmäßig betriebenen Patschen. Man füllte das Kraut in 25-l-Düppen ab. Wenn nun solch ein Eimer leer war, dann setzte man ihn mit etwas Milch und zerbröckeltem Schwarzbrot auf den Herd und kochte damit noch die letzten Krautreste, die man nicht mehr „herausschaben" konnte, auf. Die Suppe wurde heiß gegessen.

Schnagesmulen, die alle Dag am Krutpott lecken.

Ähnlich sparsam war die

Brezelmilch

Entweder legte man eine Burger Brezel mit etwas Zucker in den Suppenteller und übergoß diese mit heißer Milch oder man holte sich die Schrebbels (Krümel) vom Bäcker, die beim Brezelbacken vom Einschießen und Herausziehen am Backofen abfielen, oder in noch früheren Zeiten die aus dem eigenen Brotofen. Diese Schrebbels wurden mit soviel heißer Milch übergossen, daß sie dickbreiig mit dem Löffel zu essen waren.

Bergischer Apfelbettelmann

500 g Schwarzbrot, 100 g Zucker, 1 Tl Zimt, abgeriebene Schale von 1 Zitrone, 500 g Äpfel, 2 Becher saure Sahne, Butterflöckchen, Zimt und Zucker

Das Schwarzbrot reiben und mit ²/₃ des Zuckers, dem Zimt und der abgeriebenen Zitronenschale vermengen. Von diesem Gemisch füllt man die Hälfte in eine gebutterte Auflaufform, belegt diese Schicht mit feinen Apfelscheiben, bestreut sie mit dem restlichen Zucker und begießt sie mit 1 Becher Sahne. Dann füllt man den Rest der Brotmasse ein, setzt Butterflöckchen darauf und übergießt das Ganze mit dem 2. Becher Sahne. Der Auflauf sollte etwa 1 Stunde bei 180° C im Backofen backen. Er wird heiß, mit Zimt und Zucker bestreut, gegessen.

Variante: Manche Familien backen den Bettelmann auch wohl in der Pfanne, dann wird der Teig weniger befeuchtet. Kompliziert ist das Wenden des Gerichts, deshalb schlage ich Ihnen die 1. Version vor.

Vanillepudding mit Preiselbeeren und Zwieback

½ l Milch, 6 El Milch, 2 El Zucker, 1 Päckchen Puddingpulver Vanillegeschmack, 3 El Preiselbeeren, 3 grob gebrochene Brandt- oder 2 bergische Zwiebäcke oder 3 Burger Brezeln

Die Milch bringt man zum Kochen und gibt das angerührte Puddingpulver unter Rühren hinein. Nochmals kurz aufkochen lassen und vom Feuer nehmen. In eine Puddingschüssel gibt man die Preiselbeeren hinein, legt die Zwiebackstücke darauf und füllt den noch warmen Pudding in die Schüssel. Abkühlen lassen.

Diese Nachspeise schmeckt am besten, wenn sie noch ein wenig warm gegessen wird.

Wußten Sie übrigens schon, daß das Zwiebackrezept für Brandt-Zwiebäcke aus dem Bergischen von einem Bäcker aus Radevormwald stammt?

Lieblingsspeise vieler Schleckermäulchen, vor allem der Kinder, ist der

Dicke Kloß

125 g Butter, 250 g Mehl, 1 gestrichener Tl Backpulver, 1 Prise Salz, Milch

Die Butter bei schwacher Hitze flüssig werden lassen, 1 Prise Salz dazugeben. Das gesiebte, mit Backpulver vermischte Mehl untermengen und mit Milch zu einem dicken, sämigen Teig verrühren. Diesen Teig gibt man auf ein bemehltes Küchentuch, bindet die Zipfel fest zusammen, hängt den Kloß mit Hilfe eines hölzernen Löffelstiels in kochendes Wasser und läßt das Ganze ½ Stunde darin gar werden. Man nimmt das Tuch weg und legt den Kloß auf einen großen Teller. In Scheiben schneiden. Diese werden mit heißer brauner Butter oder einer Vanillesoße übergossen. Backobst schmeckt auch gut dazu.

Steifer Reisbrei

Wie schon häufiger erwähnt, spielte Reisbrei eine bedeutende Rolle in der Ernährung der Bevölkerung des Bergischen Landes. Er ersetzte auf gebuttertem Schwarzbrot den Aufschnitt, er war leckere Zukost auf frischgebackenen Waffeln und diente mit gebratenen Blutwurstscheiben oder auch Reibekuchen sogar als Abendbrot. Anlässe, Reisbrei zu servieren, gab es häufig. Da wäre die Bergische Kaffeetafel zu nennen, von der der Brei nicht wegzudenken war und ist, und da seien beispielsweise Hochzeiten an der unteren Wupper genannt, zu denen die Gäste Milch und Reis ins Hochzeitshaus schickten, damit sie nur ja auch genügend Reisbrei als Nachtisch bekämen.

Wichtig war in jedem Fall: Der Reisbrei mußte steif sein. Dünngekochter Brei wurde sowohl dem Unvermögen der Hausfrau angelastet, als auch dem Geiz.

250 g Milchreis (Rundkornreis), 1 Tasse Wasser, ca. 7/8 l Milch, 60 g Zucker, 1 Prise Salz

Den Reis so lange in Wasser waschen, bis das Wasser klar bleibt. Dann setzt man ihn in wenig Wasser mit 1 Prise Salz zum Kochen auf. Ist das Wasser eingezogen, füllt man mit 1/2 l Milch auf und läßt den Reis darin bei niedriger Temperatur ausquellen. Dann füllt man erneut Milch zu, und zwar so oft, bis der Reis weich gequollen ist. Mit Zucker nach Belieben süßen. Mit Zimt und Zucker servieren.

Variante: Will man den Brei strecken, so nimmt man weniger Reis oder mehr Milch, so daß der Brei suppig wird. Er wird dann wie Milchsuppe (s. S. 86) vom Suppenteller gelöffelt.

Us Köhm belegte das Brot so dick mit Reisbrei, dat dä onger der Nasenküpp hangen blieft.

Reistörtchen mit Vanillesoße

125 g Reis (Rundkornreis), 1/2 l Milch, 40 g Butter, 40 g Zucker, 2 El geh. Mandeln, 2 El Rosinen, abgeriebene Schale von 1 Zitrone – 2 Eiweiß, 50 g geh. Mandeln, 1 El Zucker

Den Reis waschen und in heißer Milch steif ausquellen lassen. Mit den übrigen Zutaten außer Eiweiß, Mandeln und 1 El Zucker vermengen. Gebutterte Auflaufförmchen zu 3/4 mit dem Brei füllen. Die Eiweiß steif schlagen. Mandeln und Zucker vorsichtig unterrühren. Auf den Brei streichen und bei 200° C so lange überbacken, bis die Eischneemasse braun zu werden beginnt. Die Törtchen werden heiß mit warmer Vanillesoße gegessen.

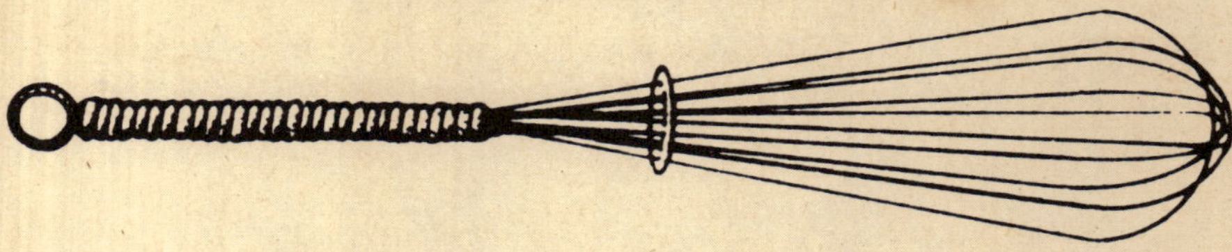

Soße:
1 Päckchen Vanillesoßenpulver, 3/8 l Milch, 60 g Zucker

Von der Milch einige Eßlöffel abnehmen und das Soßenpulver damit verrühren. Die übrige Milch mit dem Zucker erhitzen. Das Soßenpulver mit dem Schneebesen hineinrühren. Einmal aufkochen lassen. Dann zum Auskühlen beiseite stellen. Ab und zu umrühren, damit sich keine Haut bilden kann.

Variante: Die Törtchen schmecken auch gut mit angedickten warmen Kirschen.

Notizen & weitere Rezepte:

Liebe Gerda!

Ein Häuschen von Zucker,
von Zimmet die Tür,
drei Riegel von Bratwurst,
das wünsch ich dir.

Dein Walter Klein.

Remscheid, den 29. 3. 192[illegible]

fig. 8

Brot und Gebäck

Solingen

Brot und Gebäck galten in alten Zeiten als Kostbarkeit. Sie wurden nur sonn- und feiertags angeboten und auch dann sparsam verwendet. Brot z. B. wurde nie – mit Ausnahme der Kottenbutter – mit zweierlei, also Butter und Aufschnitt oder Aufstrich, belegt; das galt als Verschwendung.

Die häufigste Brotsorte war das grobe Schwarzbrot, die kostbarste der „Platz" mit und ohne Rosinen. Häufig wurde das Brot durch Reibekuchen ersetzt, denn: Kartoffeln hatte man selbst – Mehl mußte man kaufen, und Geld war rar.

Überdies wurde nur alle 2 Wochen gebacken. Große Siebenpfünder kamen in den heißen Backofen. Und die Restwärme nutzte man zum Rösten von Zwiebäcken oder Trocknen von Obst.

Kartoffelbrot

Kartoffelbrot sollte man mit Hartweizenmehl backen, da es am besten dazu geeignet ist. Es wird aus Hartweizen gewonnen, einer Sorte, die besonders viel Kleber bilden kann und das Brot grober werden läßt. Man kann natürlich, wenn man kein Hartweizenmehl bekommen kann, auch Weichweizenmehl nehmen. Dann trocknen die Brote aber schneller aus, da Weichweizen weniger Wasser absorbieren kann als Hartweizen.

500 g Hartweizenmehl, 500 g mehlige Kartoffeln, 40 g Hefe, 40 g Butter, 1/4 l Wasser, 1/4 l Milch, 1 Tl Salz, evtl. 1 El Zucker (macht das Brot süßlich)

Die Kartoffeln in der Schale kochen, abziehen und noch heiß durchpressen. Das Mehl in einer Schüssel vorwärmen und mit dem noch warmen Kartoffelschnee vermischen. Die Hefe in etwas lauwarmer Milch auflösen und mit etwas Mehl vermengen. Diesen Vorteig gehen lassen. Mit den anderen lauwarmen Zutaten verkneten, 1 1/2 Stunden gehen lassen. Den Teig noch einmal kräftig durchkneten und entweder als runden „Platz" oder als längliches Brot formen. Auf ein gefettetes Backblech legen, gehen lassen, dann mit Wasser bestreichen und bei 220° C etwa 40 Minuten backen.

Variante: Wenn der Kartoffelgeschmack noch stärker hervorgehoben werden soll, dann werden einige Kartoffeln nicht mitgekocht, sondern roh gerieben und ausgedrückt in das Mehl gemengt.

Feinbrot

Im Gegensatz zum üblichen Weißbrot ist Feinbrot von festerer und dunklerer Beschaffenheit. Es enthält ca. 3/8 Anteile Roggenmehl und wird durch die Zugabe von Milch und Schmalz sowohl gehaltvoller als auch haltbarer.

625 g Weizenmehl, 375 g Roggenmehl, 1/2 l Milch,
40 g Hefe, 1 Tl Zucker, 1 Tl Salz, 50 g Schmalz

Das Mehl in eine Schüssel sieben und in die Mitte eine Vertiefung drücken. Die Hefe mit etwas lauwarmer Milch verrühren und in die Mitte gießen. Etwas Mehl einarbeiten. Gehen lassen. Die übrigen Zutaten vom Rand her einarbeiten. Milch und Butter sollten lauwarm sein. Den Teig gut kneten. Gehen lassen. Danach noch einmal kneten, in eine große gefettete Kastenform legen, gehen lassen und bei 200° C etwa 30-45 Minuten backen.

Platz (Blatz)

„Platz" war ein altes Festtagsgebäck, das es nur an besonderen Feiertagen wie Weihnachten, Ostern, zu Hochzeiten oder Kindtaufen gab. Man bestrich die Scheiben gut mit Butter und trank dazu Bohnenkaffee. „Platz" wird heute wieder häufig gebacken.

1 kg Mehl, 1/2 l Milch, 300 g Zucker, 200 g Rosinen,
250 g Fett, 1 El Öl, 60 g Hefe

Der Hefeteig wird vorbereitet (s. oben). Die Rosinen werden 1 Stunde vorher in Einweichwasser gelegt, anschließend in Mehl gerollt und mit dem Teig verknetet. Man formt einen runden Brotlaib, schneidet ein Kreuz hinein und backt den „Platz" etwa 1 Stunde bei 200° C. Er wird noch warm mit flüssiger Butter und kalt mit leichtem Puderzuckerguß hauchdünn bestrichen.

Anmerkung: Auf die gleiche Weise backt man Roggenstuten. Das teure Weizenmehl wurde zu 50% durch das preiswertere Roggenmehl ersetzt. Auch in diesen Stuten gehören Rosinen und Korinthen – ein Festtagsbrot, das bei besonderen Anlässen nicht fehlen durfte.

Heete Wei

„Heete Wei" waren kleine, schmale Weißbrote, die der Bäcker auf der Oberseite und seitlich so eindrückte, daß eine Reihe mit der Längsseite aneinander gebackener Brötchen entstand. Diese Brötchen brach man ab und aß sie möglichst warm. Sie bildeten das traditionelle Aschermittwochsfrühstück.

1 kg Mehl, 3/8 l Milch, 60 g Hefe, 125 g Zucker, 100 g Butter, 2 Eier, 1 Tl Salz

Das Mehl wird in eine Schüssel gegeben und in die Mitte eine Vertiefung gedrückt. Die mit etwas lauwarmer Milch und 1/2 Teelöffel Zucker verrührte Hefe kommt in diese Vertiefung und wird mit Mehl zum Vorteig verrührt. Mit Mehl bestäubt, muß er 20 Minuten an einem Ort gehen (d. h. doppelt so hoch werden). Danach werden Zucker, Eier, Salz, die flüssige, noch warme Butter und der Rest der warmen Milch hinzugegeben und mit dem Vorteig und dem Mehl zu einem glatten Teig verarbeitet. Er wird so lange mit einem Löffel „geschlagen", bis er geschmeidig ist und sich vom Rand der Schüssel löst. Man knetet ihn danach noch gut durch und läßt ihn wieder 30-40 Minuten gehen. Der so vorbereitete Teig wird dann zu länglichen Brötchen geformt und dicht nebeneinander in Reihen auf ein Backblech (oder auch in eine Kastenform) gesetzt. Die Brötchen müssen noch einmal gehen und dabei fest aneinanderstoßen, damit sie recht hoch werden. Man backt sie dann etwa 20 Minuten bei mittlerer Hitze. Ausgekühlt bricht man ein Teilstück ab und bestreicht es mit Butter und Marmelade oder ißt es ohne Aufstrich.

Burger Brezel

Die Burger Brezel (alte Schreibweise: Bretzel) ist weit über das Bergische Land hinaus bekannt. Wohl kaum ein Tourist, der das Schloß Burg besichtigt hat und der sich in einem der vielen Gasthöfe die Bergische Kaffeetafel hat schmecken lassen, geht heute ohne das typische Reiseandenken nach Hause: eine Riesenbrezel am Band. Die echte Form aber ist die kleine Brezel von 8 x 10 cm. Angeblich soll das Rezept von einem Franzosen aus dem Sansculotte-Heer stammen. Ein Bäcker aus Unterburg soll ihn gesundgepflegt haben, und zum Dank erhielt er das Rezept und die Anleitung für dieses Backwerk. Da war also um 1796 nur ein Bäcker, der sich aufs Brezelbacken verstand, und wie hütete er das Geheimnis! Hinter verschlossenen Fenstern und Türen wurde gebacken. Doch das Geheimnis währte nicht allzu lange. Bald trat die Brezel ihren Siegeszug durchs ganze Bergische Land an. Nachweislich gab es 1840 ca. 30 Brezelbäcker in Burg. Und Hausierer mit großen Kiepen auf dem Rücken, bekleidet mit blauen Kitteln und rotkarierten Halstüchern brachten die Brezel bergauf – bergab. Sie waren immer zu 40 Stück auf eine Schnur gezogen, und so kaufte man sie auch meistens: „Bitte eine Schnur Brezeln!" Man konnte sie natürlich auch einzeln kaufen. Manche älteren Leute können sich noch erinnern, daß der Vater oft sonntags vom Kirchgang eine Brezel – eingebunden in ein rotkariertes Tuch – mit nach Hause brachte. Diese Brezel brockte man in die Suppenteller und füllte die Fleischbrühe darüber. Eine besonders leckere Brüheneinlage!

Außerdem ist dieses leichte Gebäck von der „Kaffeetafel" nicht wegzudenken. Brezeln und Zwiebäcke kann man so schön in den Kaffee stippen.

Eine besondere Attraktion war die Brezel an Silvester. Die Männer gingen am Silvesterabend in die Gaststätte und vergnügten sich bei Bier und Schnaps am Brezelziehen. Zwei Gegner versuchten mit Hilfe ihrer Zeigefinger die Brezel auseinanderzuziehen. Derjenige, der die Hälfte mit dem Steg behielt, war Sieger. Er durfte die ganze Brezel als Preis behalten. Daß diese Spielchen viel Spaß machten, läßt sich denken, daß die Frauen aber zu Hause diese Freude nicht unbedingt teilten, läßt sich ebenso gut nachfühlen.

Das Rezept zu Burger Brezeln verraten die Bäcker natürlich nicht, man kann es nur annähernd ausprobieren. Wichtig ist, daß sie schön kroß und luftig werden, in der Beschaffenheit dem Zwieback ähnlich. Die süddeutschen Brezel sind weich und haben 3 „Augen", die Burger dagegen sind „rösch" und haben nur 2 „Augen".

500 g Weizenmehl, 40 g Hefe, ca. 1/8 l lauwarmes Wasser, 1 Prise Salz, 300 g Butter, 3 Eigelb, 1 Ei, 60 g Zucker
zum Bestreichen: 2 Eigelb

Den Hefeteig zubereiten wie im Rezept „Platz". Nach dem Gehen rollt man den Teig fingerdick aus, schneidet ihn in 20 cm lange fingerdicke Streifen und rollt sie in Brezelform zusammen. Auf ein gefettetes Backblech legen, mit Eigelb bestreichen, gehen lassen und bei 175° C etwa 20 Minuten braun backen.

Bergischer Zwieback

250 g Butter, 125 g Zucker, 1 Prise Salz, 1/2 l Milch,
2 Eier, 40 g Hefe, 500 g Weizenmehl

Etwas lauwarme Milch mit dem Hefestück verrühren. Das Mehl in eine Schüssel sieben, in die Mitte eine Vertiefung drücken und dahinein die aufgelöste Hefe gießen und mit etwas Mehl verrühren, gehen lassen! Die übrigen Zutaten einarbeiten, wobei Butter und Milch lauwarm sein sollten. Den Teig bis zur doppelten Größe gehen lassen. Danach noch einmal gut durchkneten, längliche „Würste" formen und wiederum gehen lassen. Ein Eigelb mit etwas Wasser verquirlen, die „Würste" damit bestreichen und goldbraun abbacken. Am anderen Tag schneidet man sie längs in 1-2 cm dicke Scheiben, die man im Ofen von beiden Seiten bei 200° C röstet.

Anschließend werden sie mit folgenden Glasuren bestrichen:

1. Eischneeglasur:
2 Eiweiß mit 60 g Zucker steif schlagen. Auf eine Schnittseite der Zwiebäcke streichen und im Ofen mehr trocknen als backen lassen.

2. Schokoglasur:
In die Eischneeglasur (s. oben) soviel Kakaopulver rühren, bis die Glasur eine dunkle Farbe angenommen hat. Backen wie Nr. 1.

3. Kokosglasur:
250 g Kokosraspeln werden mit 500 g Puderzucker und 250 g Eiweiß zu Schnee geschlagen, vermischt. Auf eine Schnittseite streichen und hell überbacken.

4. Haselnußglasur:
Glasur wie Nr. 3. Statt der Kokosraspeln mengt man soviel geröstete, gemahlene Nüsse ein, daß die Masse streichfähig bleibt. Backen wie Nr. 3.

Weil Zwiebäcke leicht Feuchtigkeit anziehen und dann zäh werden, bewahrt man sie am besten in gut schließenden Blechdosen auf.

Hafermehlwaffeln

500 g Butter oder Margarine, 10 Eier, 2 Päckchen Backpulver, 600 g Hafermehl, 400 g Weizenmehl, 1 El Rübensirup, 1 El Apfelkraut, 1/4 l Möhrensaft, 1 El Zimtpuder

Die Butter schaumig rühren und nach und nach die Eier und das mit Backpulver gemischte Mehl zugeben. Abwechselnd den Saft, Zimt und Sirup zufügen. Im Waffeleisen goldgelb ausbacken. Noch warm mit Apfelkraut bestreichen und sofort essen.

Feine Waffeln

250 g Fett (Butter oder Margarine), 75 g Zucker, 2 Päckchen Vanillezucker, 6 Eier, 1 Prise Salz, einige Tropfen Zitronenöl, 500 g Mehl, 3 gestrichene Tl Backpulver, 1/2 l Milch

Fett und Zucker schaumig rühren. Nach und nach die Eier hinzufügen, dann die Gewürze. Das Mehl mit dem Backpulver mischen, sieben und verrühren. Mit der Flüssigkeit den Teig verdünnen.

Bei der Zubereitung der Waffeln gibt es manche bergische Hausfrauen, die durch kleine Änderungen diese Grundrezepte abgewandelt haben.

Z. B.:

a) Das Fett bei mäßiger Hitze schmelzen und erkalten lassen und dann die Zubereitung beginnen.

b) Die Flüssigkeit von 1/2 l aus Wasser oder Sprudelwasser, Milch oder Buttermilch oder auch Sahne mischen. Man kann auch von allem etwas hineingeben.

Die Waffeln ißt man dick mit Reisbrei bestrichen oder, wie es heute modern geworden ist, mit angedickten Sauerkirschen und Sahne. Sie gehören zu jeder Bergischen Kaffeetafel oder werden auch „solo" angeboten.

Altgewordene Waffeln backt man in der Pfanne auf, bestreicht sie mit Rübenkraut und ißt sie noch warm.

Einfache Waffeln (sehr knusprig)

200 g Margarine, 160 g Zucker, 1 Päckchen Vanillezucker, 3 Eier, 350 g Mehl, ½ Päckchen Backpulver, etwas lauwarmes Wasser

Die weiche Margarine wird mit Zucker und Vanillezucker schaumig gerührt. Dann fügt man nach und nach die Eier hinzu, zuletzt das gesiebte und mit Backpulver vermischte Mehl. Mit lauwarmem Wasser den Teig verrühren, bis er dickflüssig ist. Der Waffelteig muß unbedingt 1-2 Stunden stehen. Dann verrührt man ihn noch einmal mit lauwarmem Wasser. Das Waffeleisen erhitzen und mit Speckschwarten einreiben. Portionsweise einfüllen und abbacken.

Mit Zimt und Zucker bestreut noch warm essen.

Bollebäuskes

Diese kleinen, in Fett gebackenen Teigkugeln haben regional verschiedene Namen: Bollebäusches, Bomböschen, Bäbbelkes u. a. Sie wurden früher in einer Spezialpfanne aus Gußeisen gebacken. Diese Pfanne hatte kleine Vertiefungen und zwei Henkel. Man hängte sie in die Glut des Kohleherdes, indem man die Herdplatte und evtl. 1 oder 2 Ringe von der Feuerstelle abnahm. In die Vertiefungen der Pfanne gab man etwas Öl, ließ es heiß werden und füllte dann den Teig ein.

Bollebäuskes waren immer ein beliebtes Gebäck, ob sonntags oder zu Weihnachten und Silvester oder zu Fastnacht. Auch die Bergische Kaffeetafel, wenn sie sehr üppig gedeckt wird, beinhaltet ganze Berge dieses Gebäcks. Sie werden möglichst am Tage des Verzehrs gebacken, denn frisch schmecken sie am besten.

300 g Mehl, ½ Päckchen Backpulver, 125 g Butter, 4 Eier, Rosinen, Zucker, 1 Päckchen Vanillezucker

Die Butter schaumig schlagen. Zucker und Eier nach und nach unterrühren. Backpulver und Mehl vermischen, sieben und vermengen. Je nach Geschmack Rosinen hinzufügen; entsprechend der Menge verringert sich die Zuckermenge. Die Bollebäuskes-Pfanne wird auf der Herdplatte erhitzt. Man gibt einige Tropfen Öl hinein und füllt mit einem Löffel Teig in die Vertiefungen. Während des Backens mehrmals mit einer Gabel wenden. Wenn man will, kann man sie noch mit Puderzucker bestreuen.

Anmerkung: Wer keine Bollebäuskes-Pfanne hat, kann das Gebäck auch in der Friteuse backen.

Muzen

Ein typisches Fastnachtsgebäck!

3 Eier, 125 g Zucker, 1 Päckchen Vanillezucker, 250 g weißer Käse (Quark), 250 g Mehl, ½ Päckchen Backpulver, Pflanzenfett zum Backen

Die Eier werden schaumig geschlagen und nach und nach mit Zucker und Vanillezucker verrührt. Den weißen Käse gibt man unter die cremige Masse. Mehl mit Backpulver vermischen, auf den Teig sieben und verrühren. Das Fett in einem Topf (am besten aus Gußeisen) erhitzen. Mit einem Teelöffel sticht man kleine Teigstücke ab, läßt sie ins heiße Fett gleiten und hellbraun backen. Die Muzen während des Backens mehrmals wenden. Auf einem Sieb abkühlen lassen und dann mit Puderzucker bestreuen.

Variante: Vielfach reichert man den Teig mit gemahlenen Mandeln an. Auch gibt es Ausstechformen, die die Form großer Mandeln haben und die das Abstechen des Teigs erleichtern.

Kartoffelkuchen

400 g Mehl, 1/8 l Milch, 30 g Hefe, 1 Prise Salz, 125 g Butter, 125 g Zucker, 450 g gekochte und heiß durchgedrückte Kartoffeln

Die Hefe in etwas warmer Milch, Salz und Zucker verrühren. Danach mit etwas anrühren und gehen lassen. Die übrigen Zutaten in den Vorteig kneten, gehen lassen, ausrollen und wieder gehen lassen. Auf ein Backblech legen, mit Sahne bestreichen, mit Butterflöckchen belegen und mit Zimt und Zucker bestreuen. Bei 250° C goldgelb abbacken.

Reiskuchen

Teig:
150 g Mehl, 1 gestrichener Tl Backpulver, 50 g Zukker, 1 Eigelb, 1 El Milch, 65 g Butter oder Margarine

Belag:
1/2 l Milch, 1 Prise Salz, 125 g Reis, 3 Eier, 1 Eiweiß, 100 g Zucker, 1 Päckchen Vanillezucker, einige Tropfen Backöl-Zitrone, 15 g Kartoffelmehl

Man bereitet einen Knetteig, von dem man 2/3 für den Boden ausrollt und in eine gefettete Springform legt, mit 1/3 legt man den Rand aus. Den Teigboden mit einer Gabel mehrmals einstechen.

Für den Belag bringt man die Milch mit Salz zum Kochen, gibt den gewaschenen Reis hinein, läßt ihn bei schwacher Hitze in etwa 30 Minuten ausquellen (er muß noch körnig sein) und stellt ihn kalt.

Das Eigelb wird leicht angeschlagen, zwei Drittel des Zuckers und der Vanillezucker werden nach und nach hinzugegeben. Man schlägt so lange, bis eine cremartige Masse entstanden ist, der man das Backöl und das Kartoffelmehl zufügt. Die 4 Eiweiß schlägt man zu steifem Schnee und gibt unter ständigem Schlagen nach und nach den Rest des Zuckers dazu. Der lauwarme Reisbrei wird unter die Creme gerührt, dann hebt man den steifen Eischnee vorsichtig darunter. Die Reismasse wird auf den Teigboden gegeben und glatt gestrichen. 30 Minuten bei ca. 180° C backen.

Rodonkuchen

Rodonkuchen und auch Königskuchen waren Festgebäcke, deren Reste man wochentags auf gebuttertem Schwarzbrot aß.

Wörtlich aus einem Kochbuch von 1896:

„½ Pfd. Mehl, 5 Pfg. Hefe wird mit lauer Milch angerührt und zu gehen hingestellt. Wenn dieses etwas gegangen ist, rührt man 4 Eier, 1 Handvoll grob geschnittene Mandeln, ½ Pfd. Zucker, ¼ Pfd. geschmolzene Butter, 1 Teelöffel Salz, einige Tropfen Citronen-Essenz und ¼ Pfd. Rosinen daran und giebt soviel Mehl daran, bis es recht steif ist. Dieses läßt man in einer auspanierten Form aufgehen und backt dieses ¾ Std."

Rollkuchen

Rollkuchen, Streuselkuchen, Brezel und Zwiebäcke bildeten das traditionelle Reu-Essen (Reu = Ruhe, also Beerdigungsessen).

Den Rollkuchen, nicht zerschnitten, die Enden zu einem Kranz zusammengedrückt, nennt man in Elberfeld „Krengel" = Kringel.

500 g Mehl, 30 g Hefe, 100 g zerlassene Butter, 1/4 l Milch, 100 g Zucker, 1 Ei, 1 Prise Salz

Das Mehl siebt man in eine Schüssel, in der Mitte setzt man die gebröselte Hefe mit wenig warmer Milch, 1 Teelöffel Zucker, 1 Prise Salz an und läßt die Hefe gehen. Dann gibt man die übrigen Zutaten hinzu und knetet alles gut durch. Den Teig rollt man zu einem Quadrat aus, bestreicht ihn mit guter Butter und streut die Zutaten darauf (s. a und b). Nun rollt man den Teig zu einer dicken Rolle auf und schneidet sie in breite Scheiben. Diese setzt man nebeneinander in eine gefettete Springform (mit großem Abstand) und läßt das Ganze noch einmal gehen. Dann backt man den Kuchen 1 Stunde lang.

Vorschläge für den Belag:

a) Ein altes Rezept besagt:
250 g Zucker mit Zimt vermischt und 375 g Korinthen mit Mandeln gemischt. Vor dem Abbacken wird die Oberfläche mit Eiweiß bestrichen.

b) Ein neuerer Vorschlag für den Belag ist der:
Ein Gemisch aus Rosinen, Korinthen, Zitronat, Orangeat, kleingeschnittenen kandierten Kirschen, gehackten Mandeln und 1 Eßlöffel Zucker wird auf den Teig gestrichen. Den ausgekühlten Kuchen mit einer Zitronenglasur bestreichen.

Notizen & weitere Rezepte:

Sandwaffeln

250 g Margarine
125 g Zucker – ½ Teel. Zimt
4 Eier
150 g Mehl
150 g Speisestärke
½ Teel. Backpulver

Margarine schaumig rühren, abwechselnd Zucker und Eier unterrühren Zimt einstreuen. Das gemischte Mehl auf den Teig sieben, alles gut verarbeiten und im Waffeleisen goldbraun backen.

fig · 9

Getränke

Kloster Altenberg

„Vader, Muoder, ich ben hongerig!" „Leck' Salz, dann wüersch de och düerschtig!"

Schemmer

Schemmer ist der Name für ein Getränk aus getrocknetem Obst. Es wurde früher gut gekühlt im Sommer und heiß im Winter getrunken. Es löscht den Durst vorzüglich und ist als Krankentrunk noch heute beliebt.

Wilde Äpfel und Birnen werden in Ringe bzw. Schnitze geschnitten und im Backofen getrocknet. An einem luftigen, kühlen Ort werden sie in Leinensäckchen aufbewahrt.

Zur Zubereitung des Getränkes übergießt man einige Hände voll des getrockneten Obstes (halb Äpfel, halb Birnen) mit kochendem Wasser und läßt das Ganze 24 Stunden stehen. Dann gießt man den Saft ab und süßt ihn unter Umständen noch nach. Das gequollene Obst wird als Kompott, unterm Pudding oder in Eintopfsuppen gekocht gegessen.

Quatsch

So bequem wie heute – in den Getränkehandel zu gehen und sich Sprudel oder Saft in Flaschen zu kaufen –, so gut hatten es unsere Vorfahren nicht. Sie verarbeiteten ihr Beerenobst aus dem Garten zu Marmelade und zu Sirup, den sie mit Pumpen- oder Quellwasser zu Saft verdünnten.

Hier ein altes Rezept im Originaltext:

„500 g klarer Saft, 750 g Zucker

Nachdem die Beeren zerdrückt und ausgepreßt, stelle man den Saft etwa 5-6 Tage ruhig hin, wo die Gärung erfolgt sein wird. Alsdann nehme man die schimmelige Haut davon ab, gieße den klaren Saft von dem darunter stehenden trüben behutsam ab, lasse ihn mit dem Zucker gut durchkochen, wobei der etwaige Schaum abgenommen wird, und fülle den Sirup abgekühlt in sauber gespülte, ganz trockene kleine Flaschen oder Gläser. Hat man die Flaschen oder Gläser bis auf einen stark zweifingerbreiten Raum angefüllt, so dient es zum Erhalten der Fruchtsäfte, einen Teelöffel voll Arrak oder Franzbranntwein darauf zu gießen. Alsdann verschließe man sie mit guten, neuen Korken, welches vorsichtig geschehe, damit solche nicht mit Saft angefeuchtet werden, verlacke sie oder binde ein Stückchen doppeltes Papier darüber, ohne sie zu schütteln und bewahre sie aufrecht stehend an einem trockenen, kühlen, etwas dunkeln Orte.

Der weniger klare Saft kann mit einer geringeren Quantität Zucker zum ersten Gebrauch gekocht werden.

Anmerkung: Dieser Sirup ist zwar etwas kostspielig, doch sehr klar und schön und reicht davon 1-2 Eßlöffel voll zu 1 Glas Wasser hin."

Süßer Anisschnaps

Er galt als Wöchnerinnenschnaps. Nicht, da[illegible]r zur Stärkung den Likör bekam, weit gefehlt; der Va[illegible] – manchmal auch die Kindbettbesucher – prosteten s[illegible]

1½ l Branntwein, 250 g Zucker, ½ l Wasser, 15 g Anissamen, 3 g Zimt, einige Nelken

Der Zucker wird mit dem Wasser klar gekocht und mit dem Anissamen, dem Zimt und den Nelken in eine große Flasche gefüllt. Hochprozentigen Branntwein aufgießen. 14 Tage in der Sonne stehen und ziehen lassen. Danach durch ein Tuch sieben. In saubere, trockene Flaschen füllen, verkorken und versiegeln.

Op en Ben kam 'me net stonn.

Aufgesetzter

„Opgesadden" gab es immer zum Schluß der Bergischen Kaffeetafel. Er wurde nicht in kleinen Flaschen angesetzt, sondern in großen Korbflaschen. Auf 1 l Kornbranntwein rechnet man 200 g schwarze Johannisbeeren, 200 g weißen Kandiszucker, 1 Vanilleschote. Die Flaschen werden zuerst mit den gewaschenen Johannisbeeren zu gut ¼ gefüllt. Dann gibt man die Vanilleschote und den Kandis hinein. Das alles wird mit dem Kornbranntwein übergossen. Der Aufgesetzte muß 3-4 Wochen in der Sonne oder an einem warmen Ort stehen, damit sich der Zucker besser auflöst und der Fruchtsaft aus den Beeren gezogen wird. Die Flasche häufig schütteln. Die Früchte danach absieben. Den Likör kalt stellen.

hecker, wenn et Jusken un dä Hermel zum Nohbern komen.

Tu still dein Werk und frag nicht viel!
Wer rastet ist noch weit vom Ziel;
Doch wer sich regt mit frischer Kraft,
Der hat die Arbeit bald geschafft.

Inhaltsverzeichnis

Suppen

Hausschlachtung

Fleisch- und Wildgerichte

Kartoffel- und Pfannengerichte

Gemüsegerichte und Salate

Zwischenmahlzeiten

Desserts

Brot und Gebäck

Getränke

Wenn Sie sich für weitere Bücher aus unserem Verlag interessieren, schreiben Sie uns oder fragen Sie Ihren Buchhändler. Nachdem Sie dieses Buch kennengelernt haben, werden Ihnen sicher auch unsere anderen Titel zusagen, wobei Sie diejenigen, die wie das vorliegende Buch auch zur Landschaftsserie gehören, alle zu dem gleichen Preis erwerben können.

Eine kleine Überraschung haben wir noch für Sie. Sie können bei uns eine zu diesem Kochbuch passende Schürze bestellen. Auch zu allen anderen Regionalkochbüchern unseres Verlages gibt es eine Schürze zum Preis von DM 18,–. Bestimmt wird sie Ihnen gefallen!

Das Kochbuch aus Hamburg
Das Kochbuch vom Oberrhein
Das Kochbuch aus Berlin
Das Kochbuch aus dem Harz
Das Kochbuch aus der Eifel
Das Kochbuch aus München und Oberbayern
Das Kochbuch aus Franken
Das Kochbuch aus Bremen
Das Kochbuch aus dem Schwarzwald
Das Kochbuch von der Mosel
Das Kochbuch aus dem Saarland
Das Kochbuch von Sylt
Das Kochbuch vom Dreiländereck
Das Kochbuch aus dem Münsterland
Das Kochbuch aus Westfalen
Das Kochbuch aus Thüringen, Sachsen und Schlesien
Das Kochbuch aus Mecklenburg, Pommern und Ostpreußen
Das Kochbuch aus Schleswig-Holstein
Das Kochbuch aus dem Rheinland
Das Kochbuch aus Schwaben
Das Kochbuch aus Niedersachsen
Das Brotbackbuch
Das Kochbuch aus dem Sauerland
Das Kochbuch vom Niederrhein
Das Kochbuch aus der Lüneburger Heide

Das Kochbuch aus Kärnten
Das Kochbuch aus Tirol
Das Kochbuch aus der Steiermark
Das Kochbuch aus Salzburg
Das Kochbuch aus dem Burgenland
Das Kochbuch aus Oberösterreich
Das Kochbuch aus Wien
Das Kochbuch aus Niederösterreich
Das Kochbuch aus Vorarlberg

Das Kochbuch aus dem Bernbiet
Das Kochbuch aus Basel
Das Kochbuch aus dem Tessin (ital./deutsch)
Das Kochbuch aus der Innerschweiz
Das Kochbuch aus Graubünden
Das Kochbuch aus der Westschweiz (franz./deutsch)
Das Kochbuch aus der Ostschweiz
Das Kochbuch aus Zürich

Das Kochbuch aus dem Elsaß (franz./deutsch)
Das Kochbuch aus Luxemburg (franz./deutsch)

Schlemmern mit Lämmern
Großmutters schönste Backrezepte
Hausmachers Schnapsbuch
Rund um den deutschen Wein